Les tremblements
intérieurs

Données de catalogage avant publication (Canada)

Dufour, Daniel
 Les tremblements intérieurs : accepter et vivre ses émotions

 1. Émotions. 2. Réalisation de soi. I. Titre.

 BF532.D83 2003   152.4   C2003-940053-0

DISTRIBUTEURS EXCLUSIFS :

- Pour le Canada
  et les États-Unis :
  MESSAGERIES ADP*
  955, rue Amherst
  Montréal, Québec
  H2L 3K4
  Tél. : (514) 523-1182
  Télécopieur : (514) 939-0406
  * Filiale de Sogides ltée

- Pour la France et les autres pays :
  INTERFORUM
  Immeuble Paryseine, 3, Allée de la Seine
  94854 Ivry Cedex
  Tél. : 01 49 59 11 89/91
  Télécopieur : 01 49 59 11 96
  Commandes : Tél. : 02 38 32 71 00
                  Télécopieur : 02 38 32 71 28

- Pour la Suisse :
  INTERFORUM SUISSE
  Case postale 69 - 1701 Fribourg - Suisse
  Tél. : (41-26) 460-80-60
  Télécopieur : (41-26) 460-80-68
  Internet : www.havas.ch
  Email : office@havas.ch
  DISTRIBUTION : OLF SA
  Z.I. 3, Corminbœuf
  Case postale 1061
  CH-1701 FRIBOURG
  Commandes : Tél. : (41-26) 467-53-33
                  Télécopieur : (41-26) 467-54-66
                  Email : commande@ofl.ch

- Pour la Belgique et le Luxembourg :
  INTERFORUM BENELUX
  Boulevard de l'Europe 117
  B-1301 Wavre
  Tél. : (010) 42-03-20
  Télécopieur : (010) 41-20-24
  http://www.vups.be
  Email : info@vups.be

Pour en savoir davantage sur nos publications,
visitez notre site : **www.edhomme.com**
Autres sites à visiter : www.edjour.com · www.edtypo.com
www.edvlb.com · www.edhexagone.com · www.edutilis.com

© 2003, Les Éditions de l'Homme,
une division du groupe Sogides

Tous droits réservés

Dépôt légal : 1er trimestre 2003
Bibliothèque nationale du Québec

ISBN 2-7619-1783-9

Gouvernement du Québec — Programme de crédit
d'impôt pour l'édition de livres — Gestion SODEC.

L'Éditeur bénéficie du soutien de la Société de
développement des entreprises culturelles du
Québec pour son programme d'édition.

Nous reconnaissons l'aide financière du gouvernement du Canada par l'entremise du Programme
d'aide au développement de l'industrie de l'édition
(PADIÉ) pour nos activités d'édition.

Dr DANIEL DUFOUR

Les tremblements
intérieurs

Accepter et vivre ses émotions

Préface

Pas simple d'écrire un avant-propos : le journaliste fait face à l'homme vêtu de blanc, le médecin. Dans notre profession, il y a ceux qui lynchent, et ceux qui lèchent ; chez les médecins, ceux qui pratiquent la médecine, et ceux qui soignent. Si, en refermant ce livre, vous l'avez vraiment compris, c'est que vous êtes du côté des soignants, donc très loin des traiteurs de maladies, des prêcheurs fallacieux. Mais l'heure n'est pas à la polémique...

Nous allons lire les propos du docteur Dufour. L'un de ses confrères, le docteur Sachs, me disait récemment : « Le docteur prescrit, le soignant panse. Le docteur cultive le verbe et le pouvoir, le soignant dérouille. » Oublions Sachs, et revenons à Dufour...

Selon lui, nos craintes, nos peurs, nos émotions doivent être transformées en forces positives, pour suivre un meilleur itinéraire de vie... La guérison totale, ce n'est pas pour demain. Mais être soigné, oui, ne serait-ce que pour apprivoiser la mort en étant à l'écoute de son corps.

Certes, le patient rendra son dernier soupir un jour, mais pas n'importe comment : avec l'aide du « soignant ».

Alors mourons tous en bonne santé !

JACQUES ZANETTA,
journaliste et écrivain

Les facteurs principaux de notre état de santé sont donc nos intentions, conscientes ou non, et leur expression dans nos pensées, sentiments et actions. Tout problème physique n'est qu'un symptôme matérialisé de la véritable maladie enracinée dans le conscient[1].

BARBARA ANN BRENNAN

Préambule

Le but de ce livre est de transmettre l'idée que l'homme est beau et bon, qu'il est capable de vivre en bonne santé, et par conséquent de mourir en bonne santé. D'ailleurs, si d'autres auteurs ne l'avaient utilisé avant moi, j'aurais donné pour titre à ce livre *Mourir en bonne santé*. L'homme est unique et, pour cette raison, il doit être respecté. Personne ne devrait se permettre de l'enfermer dans des catégories, de le rabaisser au rang de machine ou de le maintenir dans l'anonymat des statistiques !

J'ai voulu écrire ce livre pour mes filles, Marie et Cécile, pour mon fils, Laurent, pour mes neveux et mes nièces, et enfin pour tous ces adolescents qui formeront demain le noyau créatif du nouveau siècle. Ce noyau est tellement important pour l'avenir de la civilisation !

Le XXe siècle a vu la science, avec son lot d'inventions fantastiques et tellement utiles, ses avancées dans différents domaines, dont la médecine, dominer les valeurs des sociétés occidentales. Les vrais scientifiques ayant pour mission de douter, de remettre sans cesse en question les acquis et le savoir, sont constamment en quête de vérités et font évoluer le monde en générant du savoir, tout en sachant au fond d'eux-mêmes que ce savoir reste mouvant, évolutif.

Malheureusement, certains scientifiques ne doutent plus et nous assènent leurs vérités, et pendant ce temps la science dominante, raciste, intolérante continue de régner. Ces savants ont souvent exercé sur la science un pouvoir écrasant nourri de contrevérités qu'ils répandent et qui trahissent leur absence de foi en l'être humain. Ces scientifiques ont causé beaucoup de tort à l'humanité. Ils tiennent toujours les rennes du pouvoir et deviennent de plus en plus intolérants, car ils sentent bien, au fond d'eux-mêmes, qu'ils perdent du terrain et que très bientôt ils ne pourront plus, à cause des jeunes à qui je m'adresse et à bien d'autres encore, imposer leur prétendu savoir au genre humain. Le XXIe siècle est porteur de grands espoirs et je souhaite profondément qu'il soit un siècle de lumières, le siècle d'une véritable redécouverte de ce que l'homme possède de plus précieux en lui : le vrai savoir, celui du Cœur et de l'Esprit. Sans lui, l'homme peut être classé au rang des objets, des machines, d'un rouage de mécanismes plus ou moins déficients. L'homme est tout sauf cela !

J'espère que ce chant d'amour trouvera une résonance profonde chez ceux qui l'entendront. J'espère que la dimension véritable de l'homme s'en dégagera et qu'enfin vous pourrez croire en vous, en ces forces intérieures qui dessinent votre vie et, bien entendu, votre santé. Mais l'état de santé de votre activité cellulaire (si bien étudiée par la science du XXe siècle) n'est en fait que la pointe de l'iceberg. La santé dont il sera question dans cet ouvrage, appelée par certains « quantique », par d'autres « spirituelle », est celle de l'invisible, de l'impalpable, inaccessible à la science ; celle de la foi en ses capacités, en ses vraies forces, dont l'unique source est l'amour. Aucun être ne peut vraiment aimer s'il ne s'aime pas d'abord lui-même ! Nous devons avant tout nous aimer nous-mêmes, sinon comment éprouver un amour vrai et désintéressé.

Cette notion si importante, qui de prime abord semble simpliste et contradictoire, est le fondement de la santé réelle. Une fois comprise, cette conception de la santé modifie notre perception. Notre vision parcellaire se transforme en une vision globale, et nous comprenons que l'absence de maladie ou son apparition est la manifestation visible d'un bien-être ou d'un mal-être intérieur. Ce livre en apportera la preuve.

La mort effraie ceux qui ne croient pas vraiment en l'homme, car elle représente selon eux la fin. Mais la mort est en réalité une transformation, un passage et devrait être envisagée comme tel.

Vivre en bonne santé signifie « être » ; la mort, c'est passer vers un nouvel état d'être. La maladie est en quelque sorte une amie qui nous envoie un message clair : « Tu n'es plus tel que tu devrais être », « Tu te trompes d'état d'être. »

Tout cela paraît simple, très simple. Cette simplicité semblera douteuse et même dangereuse aux scientifiques, mais si vous descendez au fond de vous-même, vous verrez que cette vérité et celles que nous allons présenter, vous les connaissez depuis toujours. Alors dites-les, vivez-les, et le nouveau siècle sera, lui aussi !

Introduction

La santé et la maladie sont des préoccupations concrètes et on attend du médecin qu'il réponde précisément aux questions qu'elles posent ; mais le patient attend aussi du médecin qu'il admette ne pas détenir toutes les réponses. Personne, et bien évidemment moi non plus, n'a découvert ou ne découvrira la clé qui permettrait à chacun de ne pas tomber malade — tout simplement parce que cette clé, cette recette, cette baguette magique n'existe pas !

Démolir m'intéresse fort peu, pas plus que les querelles de chapelle dans lesquelles le public se perd et qui ne servent la plupart du temps qu'à conforter les uns et les autres dans leur pouvoir. Pourtant, il serait temps de cesser de croire ou de faire croire à la pierre qui guérit, aux médicaments qui règlent tout, à la plante miraculeuse... S'il n'y pas de recette, il existe toutefois une règle, une perspective très encourageante, une sorte d'éthique : comprendre comment l'être humain fonctionne dans sa globalité, corps et âme, et pourquoi il est sain ou malade.

Posons-nous des questions naïves, voire primaires, auxquelles il nous faudra répondre autrement que par des points d'interrogation ou des pseudo-croyances : Pourquoi est-on ou tombe-t-on malade ? Pourquoi, avec le même traitement pour une même maladie, certains guérissent-ils et d'autres pas ? Comment contracte-t-on un microbe, un virus et, surtout, puisque nous vivons en quasi-symbiose avec des millions d'entre eux, pourquoi, la plupart du temps, ne nous affectent-ils pas ? « Là n'est pas la question ! me répond la médecine. Écoutez plutôt comment les microbes ou les autres agents pathogènes agissent sur un corps sain et vous comprendrez qu'il n'y a là rien de bien sorcier. »

La confrérie médicale peut parfaitement expliquer les mécanismes de la maladie ; ceux-ci sont infiniment complexes et la médecine du XXe siècle a employé beaucoup de temps et d'argent à les découvrir, à les décrire et à les enseigner. Les statistiques sont là pour témoigner de l'énorme travail de recherche effectué... Mais est-ce répondre aux questions essentielles ? Est-ce la voie à suivre afin de préserver une bonne santé ou de guérir ? Le corps médical n'est pas encore parvenu à expliquer les raisons pour lesquelles ces mécanismes pathologiques se déclenchent, ni pourquoi on ne parvient pas encore à les enrayer. Les lacunes, quand ce n'est pas l'absolue mauvaise foi du discours institutionnel, sont trop flagrantes et ce qu'enseigne chaque jour la pratique contredit trop souvent le discours officiel pour que ce dernier ne puisse pas être remis en question.

Affirmer que la médecine est en crise n'est certes pas très original et l'éclatement des pratiques médicales en marge de la médecine courante en témoigne. Pourquoi ces techniques rencontrent-elles un pareil écho dans le public ? C'est que la médecine traditionnelle a trop souvent déçu sa clientèle. Celui à qui on propose un remède efficace sera satisfait, car chaque patient veut avant tout ne plus souffrir, mais s'il va chercher ailleurs, la raison en est simple, c'est que le traitement prescrit et le médicament ordonné ne l'ont pas vraiment guéri. Si le patient adopte de façon définitive des pratiques supposées marginales, c'est qu'elles lui apportent ce qu'il en attend.

Je ne crois pas que la santé puisse un jour être complètement contrôlée par le cerveau humain, serait-il scientifique ! Élaborer une théorie de la santé et de la maladie satisfait sans doute l'intellect, mais n'aide pas pour autant les malades à guérir. L'erreur que commet trop souvent la médecine réside dans la systématisation, la généralisation des théories, au détriment de la singularité de chaque individu. D'autant plus que le dénominateur commun aux différentes théories — ce qui, non sans ironie, constitue peut-être la seule vérité médicale — tient au fait que précisément ces théories se contredisent ! « Tout ce que je sais, c'est que je ne sais rien », rapportait Platon, le disciple de Socrate.

Chapitre 1

Les messages du corps

Le corps est une rivière, et non une structure fixe ou une forme pétrifiée. Il apparaît ainsi, mais en réalité, il est en perpétuelle transformation. Les échanges qu'effectue le centre d'une cellule avec l'extérieur sont constants, et c'est pourquoi notre peau change toutes les cinq semaines et notre squelette, tous les trois mois. Ainsi, chaque année, 98 p. 100 des atomes du corps sont renouvelés ! La vision que l'on se fait habituellement de notre corps est constituée d'une succession d'images réelles au moment présent, mais illusoires dès le moment suivant, qui par ailleurs devient un autre moment présent. La vie est constituée d'une succession de moments présents qui, en se surajoutant les uns aux autres, formeront la trame d'une vie.

Que fait la médecine traditionnelle de ces réalités scientifiques ? Elle continue à présenter des modèles figés et désespérants aux patients, alors qu'en réalité aucune maladie n'est inéluctable ou définitive. Elle continue à travailler à partir de raisonnements qui ne tiennent pas compte de la fluidité et du mouvement évolutif de la matière vivante. En somme, elle ne tient pas compte de la réalité scientifique, bien qu'elle revendique toujours le monopole de la connaissance scientifique !

La constante évolution du corps nous amène à nous poser certaines questions : Quel est le moteur, la force à l'origine de la vie ? Et comment peut-on définir cette force et en tenir compte si l'on veut plaider pour la vie, la santé et la médecine ? La science occidentale a parfaitement décrit les phénomènes vitaux. Elle les a étudiés avec force recherches scientifiques, les a décortiqués, mais s'est bornée à n'être que descriptive. La réponse ne résulte pas de cette démarche, et, si l'on veut aller plus loin, il faudra s'intéresser de plus près à la théorie de l'énergie, si brillamment développée par Einstein au début de XXe siècle. Ainsi, nous découvrirons que cette énergie vibre avec plus ou moins de régularité, qu'elle est plus ou moins puissante et bénéfique du fait que l'on doit tenir compte d'un autre moteur, beaucoup plus important qualitativement : l'amour.

Un corps sain

Ces mots en apparence si simples cachent en fait une réalité fort complexe. Jouir d'une bonne santé nous semble aller de soi, car la plupart d'entre nous naissons avec un corps sain. C'est l'état naturel de l'homme et nous n'avons pas à lutter pour demeurer en bonne santé. Toutefois, lorsqu'il tombe malade, l'homme doit lutter pour lui-même et pour guérir. Ce point est capital. En effet, dans les sociétés occidentales, la médecine traditionnelle a inversé le sens de la lutte. On lutte « contre », et non pas « pour ». On lutte contre les symptômes, contre la maladie, contre l'ennui, etc. ; on ne lutte jamais pour soi, mais contre soi. Cette dichotomie n'est pas une subtilité sémantique, mais une triste réalité.

J'ai coutume de dire que les cimetières sont remplis de gens qui ont lutté « contre ». Lutter « contre » sous-entend combats et dépenses excessives d'énergie. Cela signifie que l'on va employer ses forces et son temps à livrer bataille à la maladie : on va, par conséquent, concentrer beaucoup de ses moyens à « tuer » ou à « abattre » l'autre, c'est-à-dire la maladie ou le symptôme. Heureusement, dans le monde des vivants, beaucoup luttent pour eux-mêmes et leur bien-être. Pourquoi est-ce aussi essentiel ?

Prenons un exemple. Une personne souffre d'une maladie et désire guérir. Elle consulte un médecin, qui lui prescrit des médicaments « afin de l'aider à se battre contre cette maladie » : ces médicaments sont appelés des « anti ». Le patient concentre toutes ses forces pour lutter contre les symptômes de la maladie et, espérons-le, guérir de ces symptômes avec l'aide des médicaments et éventuellement d'autres moyens. Il triomphe de sa maladie et en est très fier, car il a « vaincu », croit-il... Pendant cette courte bataille, où le patient se situe-t-il par rapport à la maladie ? Est-il au centre ou à la périphérie ? Est-il centré ou excentré ? À quoi cela sert-il de se battre contre un mal qui a été engendré par soi-même ? Le malade qui a adopté cette attitude, malheureusement légitimée par la façon qu'ont la médecine et la pharmacologie occidentales de concevoir la maladie, sera encouragé à répéter la même erreur lors de sa prochaine maladie et, tôt ou tard, épuisé à ce petit jeu, il « perdra » la bataille.

Cela signifie-t-il pour autant que le patient se trouve tout à coup sans ressource face aux difficultés de la vie ou que son âge ne lui permet plus de se battre avec autant d'efficacité qu'auparavant ? Est-ce la marque du vieillissement, du processus de dégénérescence auquel nous sommes tous promis ? Est-ce LA preuve de notre grande faiblesse face « aux choses de la vie » ou d'un quelconque déterminisme auquel nous serions soumis et duquel, par conséquent, nous serions victimes ? À toutes ces questions, la réponse est « non » !

Imaginons qu'au lieu de lutter contre un symptôme ou une maladie nous luttions pour nous-mêmes, pour celui ou celle que nous sommes, afin que nous soyons non seulement en bonne santé, mais aussi heureux, bien dans notre peau. Imaginons que notre corps, à travers ce symptôme ou cette maladie, cherche à nous envoyer un signal plutôt qu'à nous faire la leçon ou à nous punir. Imaginons que ce corps ne soit pas un ennemi mais un ami, le meilleur et le plus fidèle. Imaginons que ce corps fasse partie intégrante de notre être, qu'il ne soit pas qu'un appendice pendu à notre cerveau et qu'il soit la partie visible de l'iceberg, c'est-à-dire de notre être. Supposons qu'au lieu de se battre ce corps ait envie de repos, de caresses, d'amour. Supposons encore que ce corps soit en train de nous dire qu'il en a assez d'être maltraité et qu'il le dise avec plus ou moins de force, pour que nous réagissions selon le degré d'intensité du signal.

Les tremblements intérieurs

Présumons maintenant que nos suppositions sont bien réelles, que notre corps est une partie de nous-mêmes, qu'il a besoin d'être respecté et aimé autant que nous le désirons tous au fond, qu'il est investi de la fabuleuse mission (ô combien importante !) de nous parler et de nous dire ce qui se passe à l'intérieur de nous sur un plan moins physique, et par conséquent moins palpable et moins visible. Est-ce si difficile de se l'imaginer ? Cette intelligence du corps n'évoque-t-elle rien en vous, non pas sur le plan de la conscience, mais sur celui du savoir profond qui anime notre âme et nous fait parfois dire avec certitude : « Je *sais* que ceci ou cela est pour moi ? »

Nous savons tous que nous ne sommes pas que des corps en mouvement, et qu'une autre force nous commande et nous dirige. Notre corps fait partie d'un ensemble beaucoup plus vaste et complexe que notre cerveau, mais à la fois plus simple ; plus difficile à expliquer, mais tout aussi réel que la description clinique de ce que la médecine appelle « physique », « psychique » ou « psychosomatique ».

Cet ensemble est doté d'une force, d'une source d'énergie que nous sentons mais que nous n'arrivons pas à décrire, que nous percevons clairement en nous mais que nous avons de la difficulté à palper. Nous savons que cette force obscure et indéterminée a besoin d'amour, de paix, de gentillesse, et non pas de guerres, de batailles à livrer contre de vulgaires virus, bactéries ou autres assaillants. Si cette source de vie est mal en point et nous le fait sentir à travers notre corps, allons-nous punir celui-ci en le forçant à se battre en plus contre lui-même ? Bien évidemment que non. Nous allons plutôt tenter de l'aider, de le panser et de lui apporter tout ce que nous pouvons, afin qu'il se porte mieux et qu'il guérisse. Ce que nous ferions pour tout autre être, nous le ferons pour nous-mêmes. Si nous ne le faisions pas, cela signifierait que nous ne nous aimons guère, que nous ne nous respectons pas, ce qui ne pourrait qu'aggraver notre malaise. Nous adopterons, par conséquent, une tout autre approche fondée sur la douceur, et non sur la lutte !

Que certains des moyens que nous allons proposer demandent l'apport de médicaments n'est pas nécessairement contradictoire, pourvu que cette médication soit utilisée comme accompagnement au traitement, et non pas comme une fin en soi ou comme une béquille en laquelle on placerait tous nos espoirs de guérison. La médication devrait être d'abord proposée, puis appliquée, et non pas imposée à partir de statistiques qui, en niant l'individu, le rabaissent au rang d'une simple donnée. Elle devra tenir compte de la personne, de son environnement et de multiples autres facteurs qui convergeront vers la finalité de l'action, c'est-à-dire le respect et l'amour de soi, afin de rétablir au mieux l'état de santé, ce miroir de l'être. L'approche de la « lutte pour soi », et non de la « lutte contre soi », prend alors sa vraie dimension, la seule qui nous fera éviter les erreurs répétées du passé.

La maladie « message », et non la maladie « malchance »

Deux visions s'opposent, diamétralement opposées, qui conditionnent les approches thérapeutiques.

La première approche, de type traditionnel, donne un rôle primordial à la « malchance » et à son cortège d'amis, c'est-à-dire les virus et les bactéries, les cellules à potentiel de croissance anormale, qui sont cause de cancers, par exemple. Ils ont pour alliés les polluants de toutes sortes : la fumée, les mauvaises graisses, le manque d'activité physique, etc. Ces amis et leurs alliés se liguent au hasard de la malchance pour provoquer des symptômes, puis des maladies que le patient devra terrasser et combattre par des médicaments, dans le but de guérir ou, du moins, d'obtenir une rémission… jusqu'à la prochaine série de malchances, jusqu'au décès du malade.

Cette ligne de vie, cette vision ne laisse aucune place à l'individu, à l'être. Elle est très réductrice à mes yeux. En effet, elle prend l'homme pour ce qu'il n'est pas : une machine à vivre, à souffrir et à mourir, subissant le monde extérieur et luttant contre lui ou ce qu'il a de néfaste. La vie devient alors une lutte pour la survie, tout en sachant que le combat est perdu d'avance. Le seul mystère reste de savoir quand l'homme va perdre son combat et disparaître de ce monde. Quelle tristesse !

La deuxième approche, vers laquelle, vous l'aurez deviné, va ma préférence, est celle qui tend à démontrer que la maladie n'est qu'un signe donné par notre meilleur ami : notre corps. Celui-ci tenterait de nous parler à travers les symptômes et la maladie. Selon la pertinence du message transmis et notre capacité d'écoute, l'intensité des symptômes va soit diminuer, soit s'éteindre ou, au contraire, s'amplifier. Capter et comprendre le message est donc la première étape à franchir, sans quoi aucune guérison n'est réellement possible. La seconde étape consiste à prendre en compte ce que notre corps nous dit, mais pour cela il faut considérer notre corps comme un allié plutôt que comme un obstacle. Il faut le regarder comme un ami sincère qui nous encourage à changer, à évoluer, et la maladie devient alors une aide précieuse nous permettant de progresser vers le mieux-être. Cette approche ne tient donc pas compte du hasard, puisque l'homme est responsable de sa maladie et détient les clés de sa guérison. Il est le rouage principal, le moteur de la mécanique, ce qui sous-entend qu'il est beaucoup plus qu'un simple assemblage de cellules et de micro-organismes. En fait, l'homme possède une force fabuleuse, impalpable, non quantifiable, invisible, qui le fait vivre ou… mourir. La découverte et la reconnaissance de cette force intérieure sont une chose merveilleuse, et les maladies dont l'homme souffre peuvent devenir des amies porteuses d'espoir, et non des ennemies.

Une de mes patientes, Laura, âgée de 24 ans, mariée depuis quelques années et mère de deux enfants, est une femme plaisante et vive. Elle souffre d'hypothyroïdie et présente un goitre. Réfractaire à une médication de longue durée, elle est venue me consulter afin de savoir si une approche « non chimique » pourrait se révéler tout aussi efficace que l'approche traditionnelle.

Pour la médecine traditionnelle, les causes de la maladie peuvent être multiples, allant de l'hérédité à la carence en iode, ce qui, d'ailleurs, était assez fréquent dans les régions montagneuses au début du XXe siècle, et plus récemment à la suite de la catastrophe de Tchernobyl. Une fois le diagnostic posé, après une série d'examens sanguins et radiologiques, un médicament est ordonné pour une très longue durée, pour ne pas dire à vie… Laura arrive à la clinique dans un état d'angoisse assez avancé : elle sait de quoi elle souffre, connaît le traitement qui lui a été ordonné, « sans lequel [son] goitre et [ses] symptômes ne peuvent que s'aggraver », de même que ses effets secondaires. Quant à la cause de la maladie, l'histoire familiale et les autres tests n'ayant apporté aucun élément positif, le médecin spécialiste a laissé la patiente dans l'ignorance la plus complète... Les méthodes de l'approche traditionnelle ont traumatisé Laura, car cette dernière craint maintenant sa maladie et, surtout, ne comprend pas comment elle l'a développée.

Je lui ai demandé de me dire depuis quand elle en souffrait et de mettre ce moment en relation avec un événement qui l'avait alors traumatisée ou ébranlée. Après quelques minutes de réflexion, la réponse fuse : « Depuis le moment où j'ai réalisé que ma vie de couple était insatisfaisante ! » La cause de la maladie étant trouvée, il a suffi de s'y attaquer pour que le goitre disparaisse, ainsi que la symptomatologie associée, et ce, sans traitement médicamenteux, hormis quelques oligoéléments et vitamines en guise de soutien. La régression s'est faite en trois mois seulement...

Lors des consultations, il s'est révélé que la patiente, sachant parfaitement s'affirmer à l'extérieur de la maison, n'était plus qu'une pâle imitation d'elle-même en présence de son mari, s'effaçant complètement et ne pensant plus qu'en fonction de lui, de ses enfants et de ses devoirs. La prise de conscience de cette réalité et, surtout, le fait de s'être de nouveau autorisée à exister à l'intérieur du couple ont permis la guérison (et non la rémission) de cette maladie. La patiente vit très heureuse depuis et, malgré un divorce inévitable à la suite du refus du mari d'accepter sa femme telle qu'elle est réellement, Laura m'a dit dernièrement cette phrase fabuleuse, entendue souvent de la bouche de patients ayant guéri de leurs maux : « Sans cette maladie, je ne me porterais pas aussi bien moralement et physiquement qu'aujourd'hui ! » Cette remarque est fantastique, car elle contient à elle seule tout ce qui a été et pourra être dit au sujet de la santé et de la maladie. En tant que médecin, c'est le plus beau compliment que l'on puisse me faire, et c'est celui qui me touche le plus profondément. Aider un patient à retrouver sa dignité de femme ou d'homme, l'aider à rétablir son équilibre personnel et sa propre valeur est une des plus belles choses au monde !

Comme nous venons de le voir, selon la vision que nous adoptons et l'approche de base que nous choisissons, les solutions aux mêmes problèmes peuvent être très dissemblables et s'exclure presque entièrement ! Les méthodes de l'approche traditionnelle s'attacheront à combattre tout symptôme et toute maladie, tandis que celles de l'approche humaine chercheront plutôt à s'appuyer sur les symptômes et la maladie afin de « guérir ».

Un jour, interrogeant un être plein de sagesse et d'amour sur la signification de la maladie, celui-ci me répondit : « La maladie, c'est la Peur, la peur de vivre. Elle détruit la vie ou la perturbe. Elle ralentit l'existence ou la stoppe dans les cas extrêmes. La peur d'exister provient de ce que les gens ne croient pas assez en eux, ne s'aiment pas, ne désirent pas vivre dans la Joie et l'Amour. Du même coup, ils se créent des empêchements qu'ils croient être objectifs. En réalité, tout cela n'est qu'illusion. Ils ne veulent pas ou plus profiter de la Vie qui leur a été donnée. La maladie affaiblit mais renforce en même temps ; elle peut forcer à revenir à soi-même et à comprendre ce qui doit être compris par rapport à la vie. Elle renforce l'être malade dans son désir de mourir ou de vivre... Les souffrants savent au fond d'eux-mêmes tout cela... La maladie est une démonstration claire et objective d'un mal-être, d'une discordance existant chez l'homme. Elle est vitale pour avancer dans un plus grand amour de soi et des choses environnantes. Elle transcende l'homme à condition qu'il comprenne ce que cela est vraiment. »

Lors d'un autre dialogue, ce même être de lumière a précisé ce que la maladie apportait à l'être qui en souffre : « Elle est la manifestation. Elle est un signe, une preuve matérielle de ce qui ne va pas à l'intérieur de l'être. Elle vient aussi désorganiser, elle déstructure l'ordre établi par l'homme. Elle vient signifier que le vrai ordre ne s'accommode pas de l'ordre établi par l'être humain. Elle est un signe et en cela doit être prise pour tel. Elle est la résultante d'une erreur plus ou moins profonde que fait l'homme ou la femme qui en souffre.

« Elle n'est qu'un message d'une erreur profonde ou superficielle dans l'attitude des gens face à la vie. La vie est tout et doit être vécue de façon naturelle, sans forcer, en se laissant aller là où on doit aller. Elle dirige tout car elle est une parcelle du tout. La vie est belle, sereine, n'a pas de maladie. Elle est programme, elle est tout et tout est en elle. Il faut y adhérer et se laisser aller à en jouir. Elle est paix, sérénité, calme, etc. La maladie est aussi la manifestation de la vie, mais elle porte un message. Ce message doit être compris à l'intérieur de la personne malade. Cette dernière échappe au Tout ou tente d'y échapper ; elle souffre, elle se débat et se bat car elle est mal, mais le plus souvent ne sait pas pourquoi. Elle doit comprendre ce que la maladie lui dit, ce qu'est le message. A-t-elle trahi la Vie ? S'est-elle perdue hors de la Vie ? Cela arrive et alors la maladie apparaît. C'est une résultante d'une trahison face à soi-même et face à la Vie. Il faut alors comprendre, assimiler et accepter ce que la maladie délivre comme message. Ce message est toujours un message d'amour et de paix. »

Cette notion d'amour et de paix contenue dans la maladie peut être illustrée par les histoires de Georges et de Jacques, deux hommes dans la soixantaine, souffrant d'un cancer de la prostate.

Georges, un banquier assumant de hautes fonctions dans son établissement, a eu recours dès la découverte de sa maladie aux traitements préconisés par les deux approches. Il a surveillé de près l'évolution de la tumeur prostatique, et il a manifesté le désir de comprendre le pourquoi d'une telle maladie, alors qu'il avait été jusque-là en excellente santé et menait une existence exempte de soucis matériels. Cet homme, qui avait perdu son père très jeune dans les colonies, avait dû très tôt, en tant que nouveau chef de famille, protéger sa mère, et ce, jusqu'à la mort de celle-ci, décédée cinq ans avant la découverte de la tumeur. La femme et la mère de Georges ne s'entendant pas, le patient s'était trouvé constamment pris entre les deux femmes pendant de nombreuses années, servant de tampon et s'effaçant devant chacune au gré des reproches… Étant renfermé « de nature », selon sa propre expression, il gardait au fond de lui-même son irritation, et il n'était pas question de choisir entre l'une et l'autre, vu qu'il les aimait toutes les deux.

Georges a rapidement compris le message envoyé par sa tumeur : s'il voulait avoir des chances de ne pas succomber à sa maladie, il devait exprimer et vivre sa colère, il devait extirper la tristesse qu'il gardait au fond de lui depuis des années. Du fait qu'il connaissait de nombreux professeurs de médecine, il ne pouvait cependant se résoudre à accepter le message de la maladie et il avançait certains arguments de la science pour se justifier, même s'il avoua plus tard qu'il avait eu peur de devoir remuer «tout cela», alors que la situation s'était apaisée depuis la disparition de sa mère... Mais pendant ce temps, la tumeur progressait, à un point tel que l'excision chirurgicale était devenue nécessaire.

Après l'opération, et ne l'ayant plus revu pendant des mois, Georges est revenu me consulter. Il prétendait avoir totalement accepté *intellectuellement,* mais pas encore avec ses «tripes», que la cause de la maladie avait été son «effacement», sa «quasi-disparition» devant sa mère et sa femme. Il concevait que cela ait pu donner naissance en lui à une profonde colère, qu'il lui fallait absolument l'exprimer, mais, ne sachant pas comment faire, il venait demander conseil. Le patient a reconnu qu'en réalité le problème n'était pas de savoir comment il pouvait exprimer sa colère, mais de s'autoriser à l'exprimer, de suffisamment s'aimer et se respecter pour privilégier sa propre personne, et non plus de faire passer le bien-être de sa mère ou de sa femme avant le sien. Donner de l'amour à soi-même signifiait, en l'occurrence, s'accorder le droit de vivre sa colère contre sa mère défunte et son épouse, qui d'ailleurs l'assistait quotidiennement dans sa lutte contre la maladie...

Georges a essayé d'y parvenir en faisant de la relaxation et en suivant des thérapies, mais sans succès, jusqu'à ce que l'hospitalisation soit rendue nécessaire par l'aggravation de la maladie. Quelques jours avant son décès, il m'a confié qu'il pouvait maintenant partir en paix, car il avait réussi à exprimer sa colère. Ses paroles résonnent encore dans ma tête : «Je suis heureux et serein, même si je souffre beaucoup et que j'aspire à partir au plus vite, car j'ai retrouvé ma dignité d'homme à travers l'expression de ma colère profonde ; cela a été douloureux, mais quel apaisement...»

Georges nous a quittés en ayant compris que sans amour pour soi-même il n'y a pas de vie ni de paix possibles. Il aura fallu un cancer et son cortège de souffrances pour lui faire prendre la mesure de cet amour. Je le regrette profondément, croyez-moi, mais quel message !

Jacques est aussi un homme très actif. Marié, père de cinq enfants, élevé dans une famille très unie et très religieuse, il s'est retrouvé, à la suite d'un contrôle sanguin, chez un urologue qui lui a annoncé qu'il souffrait d'un cancer de la prostate. Comme Georges, cette nouvelle l'a pris totalement par surprise, car sa santé n'avait jusque-là souffert d'aucun accroc. Ayant rencontré plusieurs spécialistes, qui tous lui ont expliqué les différents types de traitements possibles, il a pris rendez-vous avec moi dans le but d'en savoir plus long sur une approche différente, complémentaire ou autonome.

Je lui ai demandé de répondre aux deux questions que je pose à toute personne souffrant d'une telle pathologie :

1. *Pourquoi avez-vous un cancer de la prostate ?*
« Cela doit avoir une relation avec ma vie affective, car je me suis séparé de ma femme il y a deux ans et je vis avec mon amie depuis. Je me culpabilise beaucoup de cela, même si pour moi cette décision, très difficile à prendre à cause de mon éducation, de ma religion et de mes règles de vie a été une façon de me sauver d'une destruction totale. »

2. *Avez-vous envie de vivre ?*
« Oui, bien évidemment. » Mais pour qui, pour quoi ? « Pour moi, car depuis ma séparation, j'ai retrouvé le goût de vivre pleinement. »

Les réponses de Jacques ont été tellement porteuses d'espoir qu'à elles seules, elles étaient un gage de son désir réel et profond de guérir. Néanmoins, le cancer étant présent, celui-ci signifiait qu'une partie de Jacques ne désirait plus vivre. Le patient l'avait énoncé dans sa première réponse en parlant de celui qui se culpabilise de vivre pleinement, après plusieurs années d'hésitations, avec la femme qu'il aime, plutôt que de continuer à vivre avec la mère de ses enfants (cela étant une façon d'exprimer de façon succincte une réalité beaucoup plus complexe, bien entendu !). En se donnant le droit de vivre plutôt que de se laisser mourir, la culpabilité a pris forme et est devenue la mère nourricière de la tumeur. Jacques, ayant compris cela, a entrepris un travail sur lui-même afin de retrouver l'estime et l'amour de soi. Il a choisi de suivre notre démarche thérapeutique, qui s'avère des plus profitables, puisque depuis Jacques coule des jours heureux auprès de la femme qu'il aime sans que son cancer ne l'inquiète. Tous les examens auxquels on a procédé à la suite du travail que Jacques a effectué sur lui-même ont montré que la tumeur maligne avait disparu. Jacques est l'exemple même d'une personne qui a su évoluer sur le plan personnel et s'accorder le droit d'être enfin lui-même « grâce à la maladie ».

Le concept de maladie message est primordial à saisir, car il conditionnera l'approche thérapeutique. La maladie est, en résumé, un signal que nous envoie notre corps, notre allié et ami, afin de nous avertir que nous sommes en train de nous perdre, de nous trahir et, par conséquent, de nous trouver mal dans notre peau. Ce signal peut être superficiel et léger, profond et fort selon le niveau, la fréquence et la répétition de la « trahison ». Les symptômes, les parties du corps où ceux-ci se manifesteront ainsi que la maladie nous aideront à déterminer l'importance du malaise. Si déjà tous les messages sont compris et bien interprétés, le processus de guérison sera enclenché, mais encore faudra-t-il corriger ce qui provoque la maladie pour que la guérison soit possible et complète.

La bonté innée de l'homme

Pour en arriver à déchiffrer entièrement le message que nous envoie notre corps, c'est-à-dire autant sur les plans physique, psychique que spirituel, il nous faut avant tout définir ce qu'est un homme en bonne santé.

De nouveau, deux conceptions s'opposent. La première considère que l'homme est mauvais, qu'il doit se définir par ses défauts, ses imperfections, ses faiblesses, qu'il est le fruit de la faute originelle et qu'il doit en payer le prix d'une manière ou d'une autre. Cette vision judéo-chrétienne va déterminer à son tour l'approche thérapeutique culpabilisante, rabâchant à longueur de journée à la personne souffrante qu'elle n'a finalement que ce qu'elle mérite et, qu'en plus, sa maladie est plus ou moins normale, puisqu'à la base cette personne est mauvaise. Cette vision des choses et des gens est tout aussi triste et désespérante que celle que nous avons décrite à la page 21.

La deuxième conception voit l'homme comme un être pétri de qualités, à l'unisson avec le cosmos et qui, par conséquent, possède en son noyau, en son cœur, à l'état plus ou moins embryonnaire ou développé, le savoir universel et, surtout, l'amour de lui-même et des autres. Ce noyau fondamental est inné et éternel, nourri par les profondeurs de l'être. Il est à la fois Savoir, Connaissance et Amour ; il est en relation directe avec la Vie. Ce noyau *est* la Vie et sans lui rien n'existe, surtout pas l'homme. On peut l'appeler « âme », « *chi* », « énergie de base », etc., qu'importent les catégories, puisque l'important est de savoir qu'au fond de nous tous existe ce noyau et qu'être en bonne santé signifie être en relation directe et ininterrompue avec lui. Toute perte de contact avec lui engendre des désordres, des pathologies et des maladies. En effet, comment pouvons-nous seulement imaginer vivre coupé de l'être, de *notre être* ?

Pour mieux illustrer ce concept, reprenons l'image du véhicule utilisée par les Orientaux. Ces derniers comparent l'homme à un carrosse : les deux roues avant (les bras) donnent la direction, et les deux roues arrière (les jambes) portent et transportent la charge. Le carrosse est tiré par deux chevaux qui symbolisent les émotions, ce qui démontre que sans ces dernières la vie n'avance pas, n'a pas d'existence réelle. Ce carrosse est conduit par un cocher qui représente notre mental, notre Conscient. À l'intérieur du carrosse se trouve le passager que nous ne voyons pas, mais qui symbolise le noyau fondamental sans lequel la vie n'a pas de direction ; le savoir, la connaissance n'étant qu'illusoire. En apparence, le cocher conduit le véhicule, mais cela n'est en effet qu'apparence ; sans le passager pour indiquer la destination, la paire carrosse/cocher n'est qu'un véhicule fou ou immobilisé, ou encore errant… La perte de contact avec le passager, c'est-à-dire le noyau fondamental, va conduire tôt ou tard à l'errance, à un blocage ou à un accident. Si une seule partie du tout est laissée à l'abandon ou libre de faire ce qu'elle désire sans tenir compte des désirs du passager, l'accident ou la panne va survenir et l'immobilisation suivra.

À partir du moment où nous envisageons l'homme pétri de qualités, nous devons le définir non plus par ses défauts et ses tares, mais en insistant sur ses qualités.

Je suis toujours très étonné de découvrir à quel point mes patients hésitent et trouvent difficile de se reconnaître des qualités. Cela les gêne et beaucoup d'entre eux déclarent qu'ils se sentiraient plus à l'aise d'énumérer leurs défauts plutôt que leurs qualités, ou qu'il serait plus facile à leurs proches de les relever. Il est tout aussi instructif de constater que la plupart se définissent par rapport aux autres et non par rapport à eux-mêmes : ils énuméreront des qualités de type écoute des autres, gentillesse, serviabilité, patience, bon père ou bonne mère, etc. La définition d'eux-mêmes passe par les autres, comme si, sans ces derniers, ils n'existaient plus !

On observe aussi couramment chez les patients qui se prêtent à l'exercice et qui arrivent à se reconnaître des qualités, que celles-ci sont surtout d'ordre intellectuel, comme l'intelligence, l'esprit d'analyse, la concision, etc. Il est rare que les qualités appartenant au cerveau droit (celui de la féminité) soient retenues, telles que la créativité, la sensualité (dans le sens plein du terme) ou l'intuition. Cette difficulté à se définir soi-même, et non par rapport aux autres, est un signe évident de perte d'identité ou de contact avec son noyau fondamental. Il n'est donc pas surprenant que ces personnes se retrouvent un jour ou l'autre devant un médecin, malades ou souffrant d'un quelconque mal-être.

Quelques clés sont nécessaires pour comprendre ce que notre corps cherche à nous dire à travers certains des maux dont nous souffrons. Notre corps est en quelque sorte, sur le plan émotionnel, la vitrine de notre intérieur et ses manifestations, ainsi que leur cartographie anatomique, ont une grande importance. Observer est primordial, car le corps nous dit presque tout de notre être. S'observer, c'est s'occuper de soi !

Le cas de Jean est révélateur à cet égard. Il se présenta à mon cabinet un lundi matin avec une forte sinusite, qui avait été précédée d'un mal de gorge alors qu'il voyageait dans le train de Paris. Il venait d'y passer le week-end auprès de sa fiancée, qu'il avait embrassée sur le quai de la gare, en sachant qu'ils ne pourraient pas se revoir avant une quinzaine de jours. Le lendemain matin, il avait développé une forte fièvre avec sinusite. Pourquoi ? Sa première réponse fut de me dire qu'il avait attrapé le virus dont tout le monde souffrait alors... Lui demandant d'essayer de décoder ce que son corps tentait de lui dire, sachant que tout avait commencé par un mal de gorge, il comprit très vite qu'il avait voulu exprimer quelque chose, mais qu'il ne l'avait pas fait. De plus, sachant que les sinus sont en relation directe avec le foie, lui-même étant le lieu des colères non exprimées, tout s'éclaira très vite : il était en colère de ne pas pouvoir revoir sa fiancée plus tôt et, comme il ne l'avait pas exprimé, son corps lui demandait de le faire ! Le mal de gorge et la sinusite étaient autant de signes qui indiquaient de façon très précise ce que Jean devait faire.

La médecine chinoise, millénaire, a parfaitement défini certaines de ces clés :

- Le foie, la vésicule biliaire et les yeux sont des lieux où vont se loger les colères non exprimées ; le foie, principalement, lorsqu'il est trop chargé, a des « portes de sorties » pour ses toxines : la peau et les sinus. Lorsque ces portes de sorties ne suffisent plus, lorsque la maladie atteint une trop grande chronicité ou que les divers traitements antibiotiques ont « guéri » la personne souffrante, les articulations prennent le relais et l'arthrite survient.
- Les bronches et les poumons sont les endroits où vont se loger les tristesses non vécues.
- Les intestins et l'abdomen abritent de façon générale les émotions retenues, les non-dits, et la constipation, par exemple, est un signe chez les personnes renfermées de leur difficulté à exprimer leurs sentiments.
- Les reins et la vessie renferment les peurs.
- La prostate est le lieu chez l'homme où vont se loger les conflits avec la femme.
- Les seins sont le lieu des conflits avec l'homme (sein droit chez la droitière) ou avec le logement, le nid (sein gauche).

Cette liste n'est pas exhaustive et chaque point est décrit de façon relativement grossière, mais elle est suffisante pour comprendre et déchiffrer, à travers nos maux, les messages que notre corps essaie de nous transmettre. En restant à l'écoute de ses maux, toute personne souffrante se rendra compte que son corps est un livre ouvert et que les informations fournies sont d'une étonnante précision.

Chapitre 2

Les mécanismes qui mènent à la maladie

Un homme en bonne santé, par conséquent bien centré sur lui-même, vit des émotions qu'il laisse circuler en lui ; il assouvit des envies et réalise des projets. Il éprouve deux grandes émotions : la joie et la tristesse. Par moments, il connaît la colère. Du point de vue purement théorique, la colère est considérée comme une réaction à l'environnement, elle exprime une position par rapport à un phénomène extérieur.

Un homme en bonne santé *existe*, ce qui signifie qu'il se laisse aller à ses émotions et à ses envies. Les mots ont ici leur importance... Le laisser-aller dont on parle n'est pas celui que certains éducateurs reprochent aux élèves qui se laissent aller à leurs vices ou à la facilité, c'est le laisser-aller du fameux « lâcher prise », c'est-à-dire de la personne qui laisse circuler en elle l'énergie qui l'habite et qui vit ses émotions profondes, joie et tristesse, qui vit ses envies, toujours positives, car émanant d'un être pétri de qualités : cette personne a foi en elle.

Se laisser aller à vivre ses émotions est la base d'une bonne santé et chacun peut le vérifier pour soi : si on se sent bien, l'énergie circule, « tout baigne », la réussite et la joie sont alors au rendez-vous. De plus, la personne est active et en pleine forme. En revanche, lorsque les émotions sont bloquées, les tensions apparaissent et si la personne ne réagit pas par un lâcher prise, c'est-à-dire en se laissant aller à vivre ses émotions, la maladie apparaît.

Les deux grandes émotions à la base de la plupart, pour ne pas dire de toutes les pathologies et les maladies sont la colère et la tristesse. La joie, elle, est une émotion normalement vécue sans retenue par ceux qui l'éprouvent, car, d'une part, elle ne dérange personne et, d'autre part, elle est plus facile à vivre du fait qu'elle est rarement bloquée par notre éducation, même rigide.

La colère

Cette émotion très puissante est la cause de nombreuses maladies et du mal-être de plusieurs personnes. La colère est en réalité très liée à l'amour ! Elle apparaît dès le plus jeune âge comme une conséquence récurrente de la recherche du plaisir et du bien-être, ainsi que de la peur de souffrir. Lorsque ses besoins vitaux ne sont pas satisfaits, l'enfant réagit souvent par la colère et l'exprime de façon immédiate, sans aucun blocage ! L'adolescent et l'adulte ne sont pas à l'abri de cette émotion forte, bien que pour eux la colère soit le plus souvent un sentiment qui va de pair avec la capacité d'aimer. Plus cette capacité d'aimer croît et gagne en complexité, plus la capacité d'éprouver et d'exprimer la colère s'intensifie : on a qu'à penser à la violence de notre colère quand ceux que l'on aime ou nous-mêmes sommes en danger. Ce ressenti va soit s'exprimer, soit ne pas être vécu. Lorsqu'il est bloqué et réprimé, cela entraîne des dérèglements plus ou moins profonds sur le plan énergétique et se traduit par des tensions, des symptômes ou des maladies.

Exprimer sa colère, c'est vital !

La colère est le plus souvent bloquée en soi pour de multiples raisons, principalement liées à notre éducation. Des parents qui répriment leur colère et n'élèvent jamais la voix, par exemple, enverront comme message à leurs enfants que le contrôle de soi et de ses émotions est une règle de vie importante. Être battu par des parents en colère montrera que la colère est traumatisante, et le futur adulte associera inévitablement cette émotion à la souffrance. Inversement, si celui-ci est puni parce qu'il a exprimé sa colère, cela signifie qu'il doit réprimer cette émotion, qu'elle est mauvaise et même malsaine, qu'elle dérange les autres et les amène à le priver d'amour.

On pourrait multiplier les causes menant un enfant à réprimer une émotion qu'il sait normale et saine. La réalité, c'est que la colère est naturelle et qu'elle va de toute façon être ressentie. Alors, que faire ? Le corps, lui, sait ce qu'il faut faire : l'exprimer (*ex* en latin signifie « hors de »), c'est-à-dire la sortir de soi, la « cracher », la rejeter, non pas au plus profond de soi-même, mais au dehors. Sinon, la souffrance apparaît, sous forme de tensions d'abord, puis de rage.

La différence entre rage et colère est essentielle. La rage est un mélange de souffrances inexprimées, de peurs et de colères accumulées durant une période plus ou moins longue. Elle est dangereuse, voire destructrice. Elle provoque un grand stress dans tout le corps, et si elle ne s'exprime pas, elle entraîne, comme tout stress, un blocage des systèmes de défense corporelle et se transforme généralement en maladie. Or, si la personne l'exprime, elle se sent d'ordinaire coupable et regrette de ne pas avoir été capable de contenir sa rage. Par conséquent, le cercle vicieux s'agrandit et le processus se perpétue jusqu'à son aboutissement logique : la maladie ! On verra par la suite que, dans ce cas, le principal organe touché est le foie, puis, dans une moindre mesure, tous les organes qui sont reliés à lui.

La colère est un ressenti et doit être vécue comme tel. Je fais souvent la comparaison suivante. Si l'on souffre d'indigestion, deux solutions s'offrent à nous : soit que l'on vomisse le plus vite possible pour se purger de la souffrance, quitte à provoquer soi-même le vomissement ; soit que l'on s'interdise de le faire au nom de multiples raisons toutes aussi mauvaises les unes que les autres, en acceptant d'endurer un malaise pendant plusieurs heures jusqu'à ce que la digestion se fasse. Il est intéressant de noter que la plupart des personnes qui souffrent de problèmes d'expression de la colère sont aussi des personnes incapables de provoquer le vomissement ! Le choix existe, et de ce choix va dépendre votre santé, votre bien-être.

La colère peut être réprimée ou exprimée. La personne qui la ressent peut choisir de vivre et de laisser vivre cette émotion ou de la garder en elle et d'en souffrir ; en somme, d'exploser ou d'imploser. La répression se fera souvent au nom des autres : « Je ne désire pas faire de mal à l'autre. Je ne pense pas que cela soit important. Cela n'en vaut pas la peine... » Dans chacune de ces expressions, la personne ne se donne pas le droit de vivre ce qu'elle éprouve. Elle ne se donne pas le droit d'être ce qu'elle est, et préfère les autres et leur bien-être à elle-même. Elle donne la priorité aux autres et en cela, elle ne se respecte pas. Le corps, par opposition au mental, va réagir immédiatement à cette absence de respect de soi et le traduire dans un langage plus explicite : la tension ou une maladie.

Une autre raison de ne pas exprimer sa colère, et qui revient souvent, est avancée par ceux qui prétendent que « cela ne servira à rien, ne nous fera pas revenir en arrière ou ne changera pas ce qui s'est passé ». La colère est refoulée au nom de son inutilité. C'est vrai, exprimer sa colère ne changera jamais ce qui s'est passé, mais cela fait du bien, soulage et enlève les tensions que l'on garde en soi. Cette raison devrait être suffisante et même primordiale pour toute personne qui se respecte dans ce qu'elle est et vit.

Une autre excuse que l'on entend souvent est basée sur l'idée qu'une personne en colère ne s'exprimera qu'en face de celle qui l'a provoquée. Idée noble qui se heurte à deux difficultés : d'une part, la personne doit attendre que l'autre soit disponible afin de l'écouter et de l'entendre, bien que personne ne soit vraiment disposé à écouter quelqu'un en colère et, d'autre part, cette excuse signifie le plus souvent que la personne souffrant de sa colère désire en réalité que l'autre lui donne raison ou discute du bien-fondé de sa colère. Or, la colère est une émotion personnelle, qui n'a pas à être approuvée ou rejetée par autrui, qui n'a pas à être soumise à son jugement ni à être reconnue par lui. De nouveau, une telle excuse signifie que la personne couvant sa colère ne se respecte pas suffisamment et doit demander aux autres le droit, la permission d'exister. Cette personne existe-t-elle par elle-même ? Pourquoi désirer autant être reconnu par l'autre dans ce que l'on ressent ? Est-ce une façon d'être ? Bien évidemment que non !

Souvent, la personne ne reconnaît pas en elle-même ses colères : elle ne les nie pas de façon consciente, mais elle n'a pas le sentiment d'être en colère. Elle croit ne pas ressentir la colère, n'être presque jamais en colère, tout au plus à de rares moments est-elle irritée, mais très vite cela disparaît. Les personnes maîtresses d'elles-mêmes se présentent souvent ainsi : elles ne sont pas en colère ! Elles peuvent être déçues par tel événement, mais pas en colère ; elles ressentent une certaine tristesse, une injustice, mais toujours pas de colère. Si on leur demande ce qu'elles pensent des personnes colériques, la réponse tombe, tranchante et cassante : « Ce sont des personnes qui perdent le contrôle et cela est détestable, ennuyeux ! » Cela équivaut à perdre la face et, par conséquent, à être jugés par les autres comme des êtres incapables de se maîtriser, des êtres presque dangereux.

Très souvent, ces personnes ont vécu avec un parent, un frère ou une sœur colérique et en gardent un très mauvais souvenir. Elles ne veulent à aucun prix lui ressembler ! Leurs colères ou leurs irritations sont alors niées et totalement refoulées au plus profond de leur conscient. Ce stade de non-reconnaissance d'une émotion normale est évidemment très préoccupant pour leur état de santé, car les colères sont enfouies de façon très profonde et durable. Ces personnes vont, à de très rares moments, éclater violemment pour une peccadille et le regretter encore plus après, complétant ainsi le cercle vicieux dans lequel elles se sont installées.

Il est intéressant de faire prendre conscience à de telles personnes que ceux qui les ont tant traumatisées par leurs colères étaient des êtres qui accumulaient des frustrations pendant un certain temps, puis devaient, à travers de violentes crises, s'en décharger ; que le fait de reconnaître, de s'autoriser à vivre ses colères est le contraire de ce qu'ils ont connu jusqu'à maintenant chez leurs proches. Ce point est très important, car trop souvent on confond le fait de « péter les plombs » à l'expression saine de ses colères. La différence est importante : piquer une crise de colère n'est pas exprimer une colère ! Une accumulation de colères ressenties mais non exprimées déclenchera souvent des colères subites pour des raisons ridicules et sans commune mesure avec l'intensité de la colère. Cela, comme nous l'avons vu précédemment, c'est de la rage, non de la colère.

Exprimer une colère se fait face à soi-même, le plus rapidement possible après l'événement qui a déclenché le ressenti. Les mots utilisés peuvent être violents, mais cette violence ne se fait pas au détriment des autres.

Si l'on résume les différentes excuses que l'on peut faire valoir pour réprimer ses colères, on se rend compte que toutes, sans exception, sont fournies au nom des autres. De nouveau, la personne ne se donne pas le droit d'exister et attend des autres qu'ils lui reconnaissent ce droit. Or il existe une règle élémentaire et primordiale : nul autre que soi-même ne peut se donner le droit d'exister. Exister signifie vivre ses émotions, suivre ses envies. Personne n'existe vraiment s'il ne s'en donne pas la permission. Cette règle est innée, elle se constate dès la naissance. Si l'on observe l'enfant, que tout adulte a été, nous réalisons qu'il ne se pose pas la question : il vit ses émotions, ses envies, et cela lui est naturel. L'être adulte, éduqué, a trop souvent perdu cette notion et demande ce droit aux autres : ses parents, son chef, la personne avec qui il partage sa vie et aussi (cela est un comble !) ses propres enfants...

Les colères refoulées

Lorsqu'une colère est refoulée, quel chemin va-t-elle suivre dans notre corps ? Peut-elle s'oublier ? Va-t-elle s'effacer, se diluer pour disparaître « avec le temps » ? Cette illusion revient très souvent chez les patients. Il est commode de s'imaginer que les colères refoulées, non vécues, vont disparaître quelque part et, par un hasard qui fait bien les choses, tomber dans les oubliettes de notre être pour ne plus jamais réapparaître. Notre mental va jouer partiellement ce rôle : la colère refoulée ne sera plus présente dans notre esprit conscient, nous n'y penserons plus, nous l'oublierons et, avec de la persévérance, par notre simple volonté, nous nous convaincrons qu'elle n'existe plus. Le problème, c'est que cette conviction est bâtie sur une illusion !

Prêtons-nous à un petit exercice. Revenons à une colère gardée en nous depuis de nombreux jours, mois ou années. Évoquons le souvenir de l'événement qui a provoqué la colère et essayons de raconter cet événement à quelqu'un d'autre, en toute simplicité. L'évocation fera ressurgir un ressenti que nous devrions essayer de définir : nous constaterons alors qu'une colère, un énervement plus ou moins profond ou une irritation rattachés à l'événement refait surface. Cette colère enterrée, enfermée dans un tiroir de notre être, est toujours présente et bien réelle.

Je fais souvent faire cet exercice à mes patients, et en tant qu'auditeur attentif aux intonations de voix et aux attitudes corporelles, il est très facile de sentir la colère en eux. Elle est là, vivante, palpable, intacte « comme si c'était encore aujourd'hui », alors que l'événement, lui, remonte à plusieurs mois ou même à plusieurs années… Très souvent, les mécanismes de défense du patient subsistent malgré les résultats probants de l'exercice : la colère n'est plus aussi grande qu'elle l'était et elle ne semble plus avoir de réalité, car « tout cela est du passé » et « il ne sert à rien de remuer le passé », surtout lorsque ce dernier est douloureux. La réaction du patient est d'enterrer de nouveau cette colère et de l'oublier au plus vite, ce qui, du reste, peut se faire très aisément !

Suzanne, une femme de 47 ans, souffrait de fatigue chronique, d'insomnie et d'irritabilité importantes, ainsi que d'une tendance à trouver un refuge dans l'alcool, dans lequel elle disait retrouver un peu de calme, surtout à la fin de la journée. Depuis de nombreuses années, cette femme intelligente, intuitive et pleine d'humour traversait la vie en souffrant de dépressions à répétition. Elle avait suivi de nombreux traitements médicamenteux, dont du reste elle était devenue dépendante (un médicament pour mieux s'endormir, un autre pour être plus calme, etc.), et avait rencontré, en vain, plusieurs psychiatres. Sa vie de couple n'était pas harmonieuse et elle reprochait à son mari ce mal-être, tout en continuant à fonctionner comme une excellente maîtresse de maison et une mère exemplaire.

Après quelques heures de discussion, Suzanne admit qu'elle ressentait une grande tristesse et que, dans sa relation avec son mari, elle râlait constamment et enrageait du fait qu'elle n'osait pas imposer sa personnalité et ses opinions, elle qui se considérait «faible et nulle». Cette vision négative, cette haine d'elle-même achevait d'exacerber la profonde colère qu'elle ressassait et qu'elle devait soit diluer dans l'alcool soit contenir à l'aide de médicaments. En revanche, elle avait conscience que l'alcool et les médicaments ne pouvaient pas répondre adéquatement à ses attentes, puisque les années passaient sans que rien ne change. Bien au contraire, l'autodestruction suivait son cours. Est-ce que pendant ce temps Suzanne exprimait sa rage et sa colère ? Non, hormis quelques scènes faites à son mari au cours desquelles, du reste, elle ne lui avait jamais fait part de sa grande frustration face à leur vie sexuelle insatisfaisante...

Prenant conscience de sa profonde colère, elle a commencé à la vivre par l'écriture, bien que cela ne lui procurât qu'un mieux-être passager. Un jour elle me dit qu'elle enrageait d'avoir vu, pendant toute son enfance, sa mère totalement muette et dévouée face à son père, un homme d'une grande irascibilité et d'une profonde intolérance, qui régnait en seigneur et maître au milieu de sa famille. Sachant que ce dernier avait disparu brusquement en se suicidant, je lui ai demandé ce qu'elle ressentait face au départ brusque et inattendu de son père. Suzanne m'a regardé, stupéfaite : «Une immense déception et un grand soulagement à la fois.» Elle reconnut qu'il y avait de la colère derrière ce soulagement, mais ne voyait pas très bien ce qu'elle pouvait en faire, vu que son père était décédé. Ayant pris la décision de lui écrire sa colère et l'ayant fait pendant quelques heures, Suzanne s'est trouvée merveilleusement soulagée, moins tendue et a arrêté, depuis, tout excès de boisson. Elle a cessé de prendre des médicaments et elle n'est plus dépressive !

La colère «oubliée», celle contre ce père violent qui a écrasé sa femme et sa fille, et qui a créé par le fait même un réflexe conditionné chez Suzanne face à son mari, était oubliée par la conscience, mais gardait toute son actualité au plus profond d'elle-même, engendrant des tensions tellement grandes qu'elle en a souffert pendant une bonne partie de sa vie d'adolescente et de jeune femme. Certes, cette colère devait bien par moments ressortir, mais elle était immédiatement refoulée par la patiente, qui chaque fois trouvait de bonnes raisons de ne pas la vivre !

Une colère ressentie mais non vécue ne sera jamais oubliée par notre être profond, même si notre mental, lui, semble l'avoir fait. Que devient cette colère une fois enterrée et enfouie au plus profond de notre être ? Elle cherche un endroit où se nicher et continuer son travail de sape. Cet endroit est le plus souvent le foie ou la vésicule biliaire, mais peut aussi être le pancréas, le gros intestin ou le dos (région lombaire et dorsale). Cela entraînera à plus ou moins long terme des troubles légers ou superficiels, tels que le rhume ou la sinusite aiguë, ou des troubles plus profonds, tels que l'eczéma, l'arthrite, le diabète ou le dysfonctionnement de la sphère hépatobiliaire.

Le corps exprimera ces pathologies, non pas pour nous punir ou nous embêter, mais pour nous rappeler que nous avons posé des gestes faux et fait des choix qui vont à l'encontre de nous-mêmes. N'oublions pas que notre corps est notre meilleur ami et que son désir n'est pas de nous punir, mais de nous montrer, par amour, que nous sommes en train de nous fourvoyer ! Soit que nous essayions alors de déchiffrer ce qu'il cherche à nous dire, soit que nous ignorions le message et que nous continuions à vivre sans nous en soucier. Dans le premier cas, nous exprimerons enfin notre colère et nous guérirons très vite, dans le second, la pathologie subsistera, ou disparaîtra temporairement avec l'aide de médicaments plus ou moins toxiques pour refaire surface tôt ou tard sous la même forme (c'est à ce moment que la médecine étiquettera ce trouble de « chronique ») ou sous une forme plus profonde : par exemple, par un eczéma qui se transformera en allergie, par un asthme ou par un trouble rhumatisant, etc.

L'exemple de Peter est assez révélateur. Ce dernier est venu me consulter lorsqu'il avait 27 ans, car il souffrait d'asthme depuis l'âge de 2 ans, asthme qu'il traitait avec toute la panoplie des médicaments antiasthmatiques et avec de la cortisone lors de ses crises. S'il est venu me consulter, c'est qu'il voulait prendre moins de médicaments chimiques et suivre un traitement de fond plus « naturel » que celui qu'il avait reçu jusqu'à ce jour. J'ai cru que j'allais ne plus jamais le revoir après lui avoir dit qu'il serait plus simple et plus efficace de se débarrasser de façon définitive de son asthme que de suivre un nouveau traitement de longue durée. En effet, cela lui semblait pratiquement impossible, vu sous l'angle de la médecine traditionnelle...

Le patient sentait néanmoins que son asthme n'était pas là par « malchance » et qu'il devait y avoir une raison à sa présence. Le fait d'être asthmatique lui avait apporté beaucoup d'attention et d'amour. Sa mère, une personne peu démonstrative sur le plan affectif, avait dû accorder beaucoup d'attention à son fils pour le soigner et consacrer beaucoup d'efforts pour qu'il souffre le moins souvent possible de ses crises, au demeurant très angoissantes pour les proches. Une sorte de routine ou de fatalité s'était installée chez le patient : chaque fois qu'il se sentait contrarié par quelque chose ou par quelqu'un, il avait tendance à entrer en crise. Partant de cette observation, Peter a découvert que ses crises étaient liées au refoulement de ses colères et que celles-ci, du fait qu'elles n'étaient pas exprimées, se manifestaient sous la forme de crises d'asthme.

Au fur et à mesure de nos entretiens, le lien entre sa colère et son asthme s'est révélé à Peter, sur le plan intellectuel d'abord, puis, progressivement, sur le plan physique, lorsqu'il s'est aperçu qu'en se laissant aller à exprimer son irritation ou son énervement, il arrivait à amoindrir et même à éviter les crises. Encouragé par cette découverte, il a continué à exprimer ses colères et les crises d'asthme se sont faites de plus en plus rares, pour disparaître presque complètement pendant plusieurs mois.

Cependant, Peter était toujours asthmatique et avait de la peine à arrêter son traitement de fond. Mais nous étions d'accord sur un point : le fond du problème, c'est-à-dire la cause profonde de sa maladie, n'était pas encore résolu et n'avait été en fait qu'effleuré. Puis, un soir de novembre, Peter est entré dans mon cabinet en me disant qu'il avait été de nouveau victime d'une crise importante qui avait nécessité un traitement à la cortisone. Il pensait que cette crise était liée à l'humidité automnale, mais je lui ai répondu que je n'en croyais rien et qu'il fallait qu'il comprenne ce que son corps essayait de lui dire à travers cette crise, qui par ailleurs survenait après des mois de calme absolu. Peter ne voyait rien de particulier qui ait pu déclencher la crise, si ce n'était une scène familiale pendant laquelle son frère aîné et sa mère s'étaient affrontés, l'un reprochant à l'autre de ne pas s'être suffisamment occupé de lui, le fils aîné.

Peter ne s'était pas impliqué dans cette violente dispute et n'en gardait pas de souvenir particulièrement vif sur le plan émotionnel. Après quelques instants, Peter m'avoua qu'au fond cela lui avait laissé une sorte d'arrière-goût, de malaise, mais que ce n'était pas très important. Je ne l'ai pas laissé s'en sortir à si bon compte, pressentant que ce malaise cachait au contraire quelque chose de très important. Peter comprit qu'il éprouvait la même colère que son frère, alors qu'il n'avait en apparence aucune raison d'être en colère contre sa mère, bien au contraire ! Cependant, il fallait l'admettre, son frère avait raison : leur mère ne s'occupait que du malade et délaissait les autres membres de la famille.

Le ressenti était présent, mais il ne pouvait pas réellement être vécu au nom de la logique, de l'équité et de la justice. De plus, qu'est-ce que Peter pouvait bien reprocher à sa mère, qui s'était tellement occupée de lui et lui avait, par le fait même, apporté tout l'amour possible ? Ma réponse fut très simple : « Ressentez-vous, oui ou non, de la colère contre votre mère ? Ne vous demandez pas si elle la mérite ou non, ne vous demandez pas pourquoi vous êtes en colère, vivez-la, tout simplement ! Autorisez-vous à la vivre et arrêtez de raisonner, donc de la fuir et d'en souffrir. »

Peter s'est par la suite autorisé à vivre ce ressenti profond, refoulé depuis son plus jeune âge. En le vivant, il s'est donné le droit d'être Peter, et non le fils d'une mère aimante, mais incapable d'apporter à son fils la qualité d'amour dont il a réellement besoin. Ne recevant pas cet amour tant désiré, la colère est apparue, a été enterrée, s'est transformée d'abord en eczéma jusqu'à l'âge de deux ans, puis en asthme. Depuis ce jour, Peter n'a plus jamais souffert de crise d'asthme, n'est plus asthmatique et par conséquent a pu arrêter tout traitement ! Quel merveilleux travail de sa part et surtout quel extraordinaire travail de sape peut être engendré par le simple fait de taire la colère ! Ainsi, nous l'avons vu, l'ennemie n'est pas la colère, mais bien le fait de la garder en soi.

Comment exprimer sa colère

Cette question revient souvent lors de mes consultations. Nous verrons qu'en réalité ce n'est pas tant l'expression elle-même qui constitue le fond du problème, mais plutôt le fait de se refuser le droit d'exprimer la colère.

En premier lieu, la fameuse **loi de l'intention** doit être rappelée, car elle est capitale. Si, en exprimant une colère, notre intention est de faire du mal à l'autre, alors l'énergie projetée sur l'autre va nous frapper comme un boomerang, car elle est négative. Si, au contraire, notre intention est de se faire du bien, nous n'avons pas à redouter un éventuel retour négatif. Il paraît évident que l'unique but de l'expression de la colère est de se faire du bien à soi-même, et non de faire du mal à l'autre. La colère n'appartient qu'à celui ou à celle qui la ressent ; elle ne doit être exprimée que seule, face à elle-même, pour elle-même !

Se donner le droit d'être en colère est la condition sans laquelle aucune expression n'est possible. Le plus souvent, nous avons tendance à juger notre colère, à l'analyser, et dès que nous le faisons, nous prenons de la distance par rapport à elle. Nous sortons alors de notre ressenti pour entrer dans notre mental. À partir de ce moment, il devient impossible pour nous de s'exprimer ! Imaginez un instant que vous êtes en train de faire l'amour. Que se passe-t-il ? Vous surfez *sur* et *dans* votre ressenti du moment, vous vous laissez aller totalement et vos actes ne sont que l'expression de ce ressenti dans lequel vous êtes immergé. Si vous commencez à vous observer par la voie de votre mental, non seulement vous commencerez à vous juger, mais ce qui est plus grave encore, c'est que, dans la fraction de seconde qui suivra, vous arrêterez de vivre ce moment merveilleux.

S'accorder le droit d'être en colère ne veut pas dire que vous avez raison d'être furieux, cela signifie simplement que vous l'êtes, un point, c'est tout ! L'existence de ce fait est indiscutable : vous êtes en colère ! D'ailleurs, vous n'avez pas à vous justifier auprès des autres, puisque votre colère vous appartient et qu'il n'est pas question d'aller en parler aux autres.

Les mécanismes qui mènent à la maladie

Selon la loi de l'intention, il serait bien malvenu d'éclater à la face de l'autre. À vrai dire, ce que vous devez lui communiquer n'est pas tant votre colère que le message qui se cache derrière elle. Imaginez un instant que je sois en colère contre vous, lecteur ou lectrice, et que je vous aborde en vous injuriant et en hurlant : cela provoquera chez vous une réaction de protection immédiate qui vous empêchera de m'entendre et de m'écouter. Cette protection, selon votre tempérament, consistera soit à m'agresser verbalement ou physiquement, soit à me traiter avec indifférence, soit à me rembarrer. Dans tous les cas, je n'aurai atteint aucun de mes buts. Je ne récolterai que ce que j'aurai semé : la violence et l'incompréhension, rien de plus... Si, au contraire, je me permets d'être en colère et de l'exprimer dans un endroit où je me trouve seul, et qu'une fois calmé je vous aborde pour vous communiquer l'objet de ma colère, je serai cette fois certainement entendu et écouté.

On pourra sans doute rétorquer que si une personne arrive à se dominer, le message pourra être transmis dans le calme, sans même que la colère n'ait eu besoin d'être exprimée. Cet argument est trompeur, car la personne que vous avez en face de vous est intuitive et sait parfaitement que vous êtes en colère. Instinctivement, elle cherchera à se protéger et votre message ne sera pas écouté, de la même façon que si vous vous étiez accordé le droit de vivre votre colère au préalable.

Vous vous êtes enfin accordé le droit d'être en colère ? Alors plongez dedans afin de la ressentir pleinement, totalement... et dans toute sa violence ! N'ayez pas peur de cette violence, ne la jugez pas, ne tentez pas de vous en justifier ou de l'expliquer, car cela signifierait que vous êtes sorti du ressenti pour remonter à votre mental. Assez souvent, je demande à mes patients de faire l'exercice suivant : ils doivent revenir à leur dernière colère (irritation, énervement) vécue mais non exprimée et se souvenir du ressenti qui y est rattaché. Après avoir régularisé leur respiration, je leur demande de décrire cette colère : Où se trouve-t-elle ? Quelle est sa forme, sa taille, sa consistance, sa couleur ? À quoi ressemble-t-elle ?

Il est étonnant de constater à quel point la description peut être complète ! Décrire les propriétés physiques d'un ressenti semble délirant à tout esprit analytique, et pourtant, les personnes les plus fermées arrivent très vite à le faire sans difficulté... Une fois cette colère ressentie, l'étape suivante ne constitue plus un obstacle mais une nécessité, car l'envahissement, la place prise par celle-ci devint insupportable et seule demeure l'envie de l'évacuer au plus vite !

L'expression passe par le rejet de l'émotion hors de soi. Ce rejet peut se faire de plusieurs façons : par la parole, les cris, l'écriture, les coups... de préférence sur un oreiller ! Chacun doit trouver sa façon personnelle d'effectuer ce rejet qui, du fait que notre éducation ne nous a pas enseigné à le faire, peut au début être difficile à déterminer. L'intérieur d'une voiture, d'une salle de bains, d'une forêt, par exemple, sont de bons endroits où exprimer sa colère. Celle-ci remontera du ventre avant d'être rejetée, puis un immense sentiment de soulagement et de paix envahira la personne qui se sera prêtée à l'exercice : une certaine fatigue suivra, qui s'estompera rapidement. Dès qu'elle est exprimée, un bien-être s'installe, car notre corps nous transmet immédiatement un message de félicitations, avec tout l'amour dont il sait faire preuve. Ce message est tout simple. En fait, il nous dit que lorsque nous prenons soin de nous-mêmes, nous sommes bien dans notre être entier : nous sommes en harmonie. Si ce bien-être n'est pas ressenti, c'est que la colère n'est pas sortie dans son intégralité.

Faut-il rechercher dans sa mémoire les colères non exprimées afin de les analyser et d'en purger son être ? L'approche traditionnelle, de type psychanalytique, préconise ce type d'introspection. Il se trouve cependant que cette approche est fausse. En effet, si nous analysons nos colères, nous constaterons très rapidement qu'elles se ressemblent beaucoup, qu'elles ont très souvent les mêmes causes. Les colères ressenties peuvent être classées, chez chaque être, en quelques catégories principales : celles vécues par rapport à ses parents, celles vécues par rapport au travail, etc. En réalité, chacune de nos colères se rapporte presque exclusivement à l'une de ces catégories. Ainsi, durant des années, nous aurons tendance à nous enfermer dans un même type de colère, car la vie qui cherche, pourrait-on dire, à nous enseigner le chemin à suivre, nous remettra devant les mêmes situations jusqu'à ce que nous comprenions.

L'être humain rencontre au cours de son existence de nombreux obstacles, et chaque fois qu'il les fuit, ces mêmes obstacles reviennent sans cesse, jusqu'à ce qu'ils aient été franchis. Ainsi reviennent nos colères. Les faire ressurgir de sa mémoire consciente est un exercice fastidieux et inutile. Il suffit simplement de bien réagir (c'est-à-dire de s'exprimer) face à la dernière colère ressentie pour que toutes les autres du même type soient évacuées. Cela explique pourquoi, parfois, face à un événement en apparence anodin mais de même nature que des événements du passé plus fortement ressentis et refoulés, une colère s'exprime avec une intensité disproportionnée par rapport au ressenti du moment. Ce phénomène de rappel est important à comprendre, car il permet de se libérer de multiples colères inexprimées sans avoir à passer par l'analyse. Il nous permet de guérir très vite sans pour autant nous replonger dans notre passé, à condition bien sûr que le travail d'expression de la colère ait été fait de manière efficace.

La tristesse

Tout comme la colère, la tristesse est une autre grande émotion trop souvent occultée et, par conséquent, non vécue. Les causes de son refoulement trouvent elles aussi leurs origines dans notre éducation. On sait que, le plus souvent, il n'est pas convenable de montrer sa tristesse, car elle dérange les autres, elle souligne une « faiblesse » chez ceux qui s'autorisent à la vivre. Exprimer sa tristesse est trop souvent associé à un excès de sensiblerie, à une émotivité débridée, à un manque de contrôle... Malheureusement, la tristesse contrariée mène d'ordinaire à la pseudo-indifférence émotive, à la dureté envers soi-même et les autres, et ne pas la respecter déclenche dans notre corps une réaction négative plus ou moins forte, proportionnelle à l'intensité de la tristesse non exprimée.

Le terrain de notre corps, dans lequel s'exprimeront les tristesses non vécues, est la région broncho-pulmonaire, qui comprend les bronches, la gorge et les poumons. Selon l'intensité de la tristesse refoulée, l'une ou l'autre de ces parties de notre corps va s'exprimer à travers une maladie : bronchite, pneumonie, cancer. On pourrait d'ailleurs s'interroger sur les causes véritables du cancer du poumon.

Aucune étude n'a été réalisée en ce sens, mais je suis persuadé que si on la réalisait, on découvrirait que beaucoup de cancers pulmonaires et de bronchites ont une origine non tabagique et que la tristesse étouffée est à l'origine de cette terrible maladie. Cela expliquerait la fréquence non négligeable des cancers pulmonaires chez des patients n'ayant jamais fumé et ne vivant pas dans une atmosphère enfumée.

La science médicale se base sur des statistiques pour établir un lien de cause à effet entre le tabac et le cancer. Le plus souvent, ces statistiques s'appuient sur les registres des hôpitaux et les questionnaires médicaux. Toutefois, il n'existe pas de possibilité d'y retrouver les réponses à des questions sur la tristesse et le chagrin non exprimés, pour la simple et bonne raison que ces questions sont très rarement posées par les médecins et que les patients n'abordent pas ce sujet d'eux-mêmes. Cela est très regrettable, car on découvrirait sans doute une bien plus grande corrélation entre la tristesse et le cancer qu'entre le tabac et le cancer. Il m'apparaît aussi évident qu'une personne qui fume et qui n'exprime pas sa tristesse a toutes les chances de mourir d'un cancer pulmonaire !

Comment exprimer sa tristesse

De la façon la plus naturelle possible : par les pleurs ! Cette façon très simple et tout à fait naturelle permet un soulagement immédiat et profond. Elle n'efface pas la tristesse, mais elle l'accompagne et en atténue la douleur. Les larmes calment profondément ceux qui se laissent aller à pleurer. Cet effet bienfaisant illustre bien la façon dont notre corps nous parle : soit qu'il nous envoie un signal de bien-être lorsque nous vivons en harmonie avec nos émotions et notre être, soit qu'il nous envoie un signal de mal-être lorsque nous luttons contre nos émotions.

Faire la différence entre les pleurs dus à la tension et ceux causés par la tristesse est très important. Lorsque les pleurs de tension sont vécus, un sentiment de soulagement très bref, superficiel, peut être perçu, mais jamais il ne dure, et très vite la tension reprend le dessus... jusqu'à la prochaine crise de larmes. À l'opposé, aucune tension ne se

Les mécanismes qui mènent à la maladie

crée lorsque les pleurs de tristesse se manifestent : le soulagement est immédiat et la personne se sent tout de suite beaucoup plus légère. Et c'est là une différence importante, car trop de gens pleurent lorsqu'ils sont en colère, mais n'arrivent pas à pleurer lorsqu'ils sont tristes !

Stéphanie a vécu, à l'âge de 24 ans, une rupture sentimentale douloureuse. Bien que ce soit elle qui ait pris la décision de rompre, celle-ci fut néanmoins très difficile et beaucoup de tristesse l'entourait. Stéphanie ne s'est pas accordé le droit de vivre sa tristesse, vu que c'est elle qui avait pris la décision. Elle partit alors en Amérique du Sud pendant une année dans le but d'oublier sa séparation et de parfaire sa connaissance des langues. La vie en Amérique latine fut trépidante et passionnante sur tous les plans.

Dès son retour dans sa ville natale, elle ressentit de graves douleurs au niveau du poumon gauche et on diagnostiqua aussitôt une broncho-pneumonie. Ne trouvant aucune cause à la maladie de Stéphanie, les médecins conclurent que celle-ci devait être virale. Lors de son séjour à l'hôpital, la patiente souffrit de complications et développa une thrombose pulmonaire. Un traitement fut adopté et Stéphanie put prendre son congé de l'hôpital.

C'est à ce moment-là que je l'ai rencontrée, en piteux état, inquiète, épuisée par tout ce qu'elle venait de vivre. Comme on n'avait trouvé aucune cause à sa maladie, elle venait se renseigner auprès de moi et se demandait du même coup si un supplément vitaminique pourrait renforcer son système immunitaire. Après quelques minutes de discussion, la cause de sa maladie fut trouvée : la tristesse liée à sa séparation n'avait jamais été vécue ! Bien entendu, par son éducation, Stéphanie restait sceptique, mais elle a tout de même entrepris (après un an !) de faire son deuil. L'évacuation de sa tristesse allait de pair avec le renforcement de ses défenses naturelles et le rayonnement de sa joie de vivre. Elle a récupéré pleinement de sa maladie et à une vitesse qui a étonné les spécialistes.

Le cas de Stéphanie, malheureusement trop fréquent, témoigne parfaitement des conséquences néfastes qu'une tristesse non vécue peut entraîner sur notre santé. Tout au long de l'année passée loin de la ville où vivait l'homme qu'elle avait aimé, Stéphanie s'était donné l'illusion de vivre pleinement : elle avait mis volontairement de côté sa tristesse pour mieux « s'éclater ». Malgré cette précaution, tout était remonté à la surface dès son retour : la rupture, la douleur, la tristesse. Alors son corps n'a pas tardé à lui envoyer un message par le truchement d'une broncho-pneumonie et d'une thrombose pulmonaire, afin qu'elle s'autorise enfin à vivre ce qu'elle *devait* vivre.

La « gestion » de ses émotions

Trop souvent, les émotions vécues et ressenties sont analysées, puis disséquées par les personnes souffrantes ou pire, par les professionnels qui tentent de leur venir en aide, ce qui est le comble de la stupidité et de l'incompétence ! Cette analyse rationnelle et « logique » débouche très rapidement sur des phrases telles que « Vous avez raison de ressentir cela », « Vous devriez ressentir cela différemment » ou encore, « Il n'y a aucune raison d'être triste ou en colère à ce sujet. Il faut accepter la vie telle qu'elle est et ne pas en faire tout un plat. » Ce déni, fait par personnes interposées ou par soi-même, est très préoccupant, car il conduit progressivement le patient à rejeter son ressenti et, par conséquent, sa propre personne. Cela est d'autant plus dangereux (en fait, il s'agit d'une faute professionnelle grave) que, lorsque ceux qui avancent ces idées sont des thérapeutes, ils s'érigent en censeurs et jugent les ressentis de leurs patients, les comparent entre eux selon des normes, appliquent des critères farfelus et dénués de toute vraisemblance. À la vérité, ces spécialistes n'accordent pas le droit d'exister aux patients qu'ils prétendent guérir !

De la même manière, l'expression à la mode « gérer ses émotions » peut devenir très pernicieuse, car elle renvoie le patient à son mental, assujetti le plus souvent aux normes imposées par la société et l'éducation, et confirmera au patient qu'il fait bien de continuer à contrôler ses émotions. Par conséquent, la colère et la tristesse ne seront jamais vécues, du moins jamais pleinement, alors que la « gestion » permettra d'être considéré par les autres comme « normal ».

Les mécanismes qui mènent à la maladie

Certaines personnes me confient parfois : « Il m'est impossible de vivre ma colère (ou ma tristesse), tant que je ne la comprendrai pas. » Faut-il tenter de comprendre le pourquoi d'une émotion ? Ma première réaction serait de leur répondre qu'ils feraient mieux de l'exprimer et, par la suite, s'ils en ressentent encore le besoin, d'essayer de comprendre le pourquoi du comment... Mais tentons tout de même l'expérience et demandons-nous si comprendre ses ressentis aide vraiment à les exprimer.

Penchons-nous de nouveau sur le cas de Stéphanie. Elle était triste parce qu'elle quittait un homme avec qui elle entretenait une relation sans issue, une relation qui ne pouvait combler ses aspirations. Qu'y a-t-il à comprendre ? Pas grand-chose ! Faut-il disséquer l'émotion de tristesse et se demander si cette tristesse est justifiée, juste, normale ou judicieuse ? Est-ce qu'une autre personne « normale » aurait réagi de la même façon ? Si Stéphanie n'avait pas vécu tel ou tel traumatisme pendant son enfance ou son adolescence, aurait-elle été aussi triste, l'aurait-elle été différemment ? À mes yeux, toutes ces questions peuvent aider à comprendre la tristesse, mais en réalité elles ne servent à rien d'autre qu'à prolonger le silence qui s'est fait autour du ressenti. Pendant tout ce temps, la personne pense, elle est dans son mental, mais cela ne la rapproche pas pour autant de l'essentiel : vivre son ressenti !

Une émotion *est* ! Elle est une et indivisible ! Elle se respecte au même titre qu'un individu, car elle est en nous, qui ressentons. Elle n'est pas « négociable », elle ne se « gère » pas ! Elle doit être acceptée et vécue totalement, pleinement. Lorsqu'elle n'est pas vécue, ou n'est que partiellement vécue, notre corps, qui est notre ami le plus fidèle, nous le rappellera de vive façon par une tension, un symptôme, une maladie.

Toute personne se permettant, de façon directe ou indirecte, de freiner ou d'interdire l'expression d'une émotion est coupable d'« association de malfaiteur » avec elle-même. Lorsqu'un thérapeute se permet d'exercer son pouvoir en ce sens, il renforce chez son patient le blocage existant, et cela est d'autant plus dangereux que le spécialiste détient, aux yeux du malade, la connaissance et le savoir. Ces personnes prétendent détenir la vérité, alors que la pertinence de leurs méthodes n'a jamais été démontrée et que tout repose en fait sur du vent. Elles détruisent plus qu'elles ne soulagent, et elles polluent l'esprit de leurs adeptes de « toxines émotionnelles » excessivement persistantes et néfastes. Je ne peux que recommander à toute personne fréquentant ce type de thérapeutes de prendre ses jambes à son cou pendant qu'elle en est encore capable et de se tourner vers une vraie médecine de l'âme, afin d'apprendre à vivre ses émotions, et non à les « gérer » par le mental, qui dans bien des cas neutralise l'expression du ressenti.

L'expression de ses émotions

Cette question semble au premier abord quelque peu superflue, mais en réalité la grande difficulté réside en cela chez la plupart des personnes qui souffrent ; n'oublions pas que cette non-expression est à la racine de la maladie. Que faire alors lorsqu'une émotion est bloquée ?

En tout premier lieu, il s'agit de reconnaître que cette tristesse ou cette colère existe, sans la nier pour les motifs que nous avons abordés plus haut. Cette étape est essentielle et souvent devra se faire avec l'aide d'un thérapeute. J'entends par « thérapeute » toute personne qui est « à l'écoute de l'autre », c'est-à-dire toute personne qui reçoit les paroles de la personne souffrante, sans jugement ni critique. Un professionnel peut, bien entendu, jouer le rôle de thérapeute, mais un de nos amis, une esthéticienne ou notre coiffeur peuvent aussi faire œuvre de thérapeutes occasionnels.

Comme nous l'avons vu au sujet des colères, reconnaître une tristesse ou une colère signifie non seulement admettre qu'elle est en soi, mais aussi l'accepter au plus profond de soi-même. Ce point est important, car sans cette acceptation en profondeur, le processus de déni et de rejet continue. J'ai vu trop de patients « accepter » intellectuellement, mentalement et dans leur cerveau qu'ils pourraient être en colère ou légèrement irrités. Ils « admettent cette possibilité », ne la rejettent pas d'emblée, ce qui déjà est positif, mais ils ne ressentent pas au fond d'eux-mêmes la réalité de cette émotion ; ils rentreront ensuite dans le déni et utiliseront toutes les excuses possibles et imaginables afin d'expliquer au thérapeute qu'il leur est inutile d'exprimer ces émotions...

Prenons l'exemple d'un patient qui souffrait d'un côlon spastique et qui n'arrivait pas à reconnaître l'existence de ses colères face à une mère tyrannique et envahissante. Lui demander de les exprimer était illusoire, vu qu'il ne les ressentait pas. De plus, il ne pouvait imaginer, par son éducation, de commencer à exprimer ses colères à sa mère âgée et respectée. En bref, nous nous trouvions totalement bloqués. Comme souvent, ce patient est venu à mon secours en me fournissant la clé de son mal. Arrivant en retard à une consultation, il me rapporta qu'un conducteur lui avait pris son espace de stationnement réservé, qu'il était descendu de sa voiture afin de lui demander de repartir, mais que celui-ci lui avait tourné le dos et s'en était allé... Visiblement énervé par ce qui lui était arrivé, je lui demandais comment il réagissait, seul dans sa voiture, lorsqu'un autre conducteur lui faisait une queue de poisson. Il me répondit, non sans une grande gêne, qu'il le traitait de tous les noms d'oiseaux qu'il connaissait et dut reconnaître qu'il se faisait du bien ainsi, et surtout qu'il ne ressassait pas l'incident pendant des heures, voire des mois ! Ayant compris, à travers cet exemple vécu par lui et pour lui, qu'exprimer sa colère ne nécessitait ni la présence de l'autre ni ne lui faisait de mal, il commença à exprimer sa colère contre sa mère, ce qui le soulagea énormément.

Accepter en profondeur une émotion signifie prendre contact avec cette émotion qui se trouve en nous. Nous la ressentons lorsque nous allons jusqu'au centre, c'est-à-dire dans notre ventre. C'est là qu'elle réside, non dans notre tête ! Elle est presque palpable lorsqu'elle est ressentie. Elle est souvent très forte, douloureuse et poignante. Ressentir signifie reconnaître qu'une émotion est en nous. Chacun de nous peut le faire et l'a déjà fait dans sa vie, dès sa plus tendre enfance.

Une fois reconnue, une émotion doit être acceptée. Cette étape est souvent un nouveau stade où des blocages peuvent survenir.

Les tremblements intérieurs

« Oui, la colère est présente, mais elle n'est pas aussi importante que cela, elle ne peut pas engendrer une grande souffrance ; elle existe mais... » Cette façon de voir est très courante. Elle fait partie du déni de ses émotions et, par conséquent, de soi-même. C'est de nouveau un manque total d'amour de soi. Posons-nous alors la question suivante. Notre meilleur ami vient nous trouver et nous confie qu'il est triste. Que lui conseillons-nous aussitôt ? Oublier cette tristesse en allant voir une comédie au cinéma, ou bien pleurer et se faire du bien de cette façon, tout en lui ouvrant nos bras ? Pourquoi ne pas être vraiment son meilleur ami et ne pas lui donner la permission d'éprouver de la tristesse ?

Une fois reconnue et acceptée, une émotion doit être exprimée ! Sans cette étape ultime, toute guérison est impossible et illusoire. L'expression est la seule voie possible et nécessaire. Elle seule permet l'évacuation de l'émotion et, par conséquent, la libération qui permettra à l'énergie bloquée en nous de circuler de nouveau. Cette circulation de l'énergie permettra à son tour la guérison, car la racine du mal est maintenant extirpée. Ce rejet hors de nous-mêmes est essentiel, car lui seul permet de se « débarrasser » de l'émotion.

Prenons un exemple : en mangeant, une personne tache accidentellement sa chemise. Que faire ? Cacher la tache d'une main pour que les autres ne la voient pas ? La nier en essayant de ne pas y penser, en espérant que tôt ou tard, cette tache va disparaître ? L'analyser et essayer de comprendre le pourquoi de cette tache, sa raison profonde, sa signification sur le plan métaphysique ou autre ? S'asseoir en face d'un psychiatre, pendant des heures, afin de remonter à d'autres taches déjà vécues dans son enfance, remonter à ses parents qui ne lui ont pas enseigné comment manger de façon correcte ? Tant que la chemise ne sera pas lavée, la tache subsistera et toute autre démarche, tout intéressante qu'elle soit sur le plan intellectuel, est vouée à l'échec, à une grande perte de temps et d'énergie.

À l'instar de la tache, toute émotion non exprimée subsiste en nous, continue à faire du mal et participe au processus de non-guérison. Que le lecteur ne se méprenne pas sur la comparaison d'une émotion avec une tache ! Une émotion, comme nous l'avons déjà dit auparavant, est quelque chose de noble, sans laquelle la vie n'existe pas. Mais elle doit être vécue, et non rejetée au plus profond de nous-mêmes. Elle doit être vécue dans le moment présent, et non des années plus tard !

Chapitre 3

Le moment présent

Quelle est la meilleure façon de vivre ? Une très bonne manière de résoudre cette question consiste à donner la plus grande importance au moment présent : ici même, maintenant même, à cet instant précis où nous vivons et où nous sommes immédiatement en possession de nous-même[2].

TULKU THONDUP

Les autres ingrédients de la maladie, ses compagnes, sont la peur, l'angoisse, la panique et la culpabilité. Hormis la culpabilité, tous peuvent être classés sous la même rubrique, car ils désignent le même ressenti, dont seule l'intensité varie.

Les peurs et les angoisses

Par instants, un profond sentiment irraisonné s'empare de notre être à l'idée qu'une catastrophe s'abattra sur nous et à laquelle nous ne pourrons pas survivre. Parfois, cette peur est indéterminée et se transforme en angoisse. Elle peut survenir à tout moment, sans crier gare, sans motif apparent ou cause reconnue. Elle peut être ressentie le matin au réveil, pendant la nuit ou à d'autres moments de la journée. Lorsque nous ressentons ces peurs et ces angoisses, notre corps est resserré, rabougri, replié sur lui-même ; en bref, nous ressentons une tension très profondément ancrée en nous, qui nous assaille et s'installe. Les descriptions sont multiples et diverses, mais toutes évoquent une **tension** plus ou moins grande dont les conséquences physiques peuvent varier grandement : un serrement, une boule dans la gorge, des douleurs de toutes sortes dans diverses parties de notre corps, des brûlures d'estomac, des muscles durcis ou tétanisés, etc. La personne souffrant de cette tension n'est pas bien et essaie de se raisonner, mais quelque chose de plus fort qu'elle tourne dans sa tête (avec ou sans conséquence physique).

Comment affronter ses peurs ou ses angoisses

La méthode « traditionnelle »

Elle consiste à se battre, sans savoir au juste contre quoi et sans rechercher l'origine véritable des sentiments. Cette méthode a toute une panoplie de médicaments chimiques à sa disposition : antidépresseurs, relaxants, etc. Éventuellement, les psychiatres croiseront le chemin du malade et l'« aideront » à remonter à l'origine de ses troubles, en explorant avec lui son passé dans le but de comprendre les causes de son mal-être, tout en ayant recours, si cela semble nécessaire, aux médicaments.

En somme, cette méthode nie ce qui se passe chez le patient. Elle fait de la résistance et donne la part belle au mental. Elle considère que le corps, qui s'exprime de cette façon, doit être réduit au silence en l'assommant de médicaments et de belles paroles, et en effectuant un retour dans le passé pour expliquer le pourquoi du mal ! Cette méthode peut donner, dans un premier temps, des résultats positifs, car le corps va se taire, en tout cas de façon temporaire et superficielle, assommé qu'il est par les médicaments. En revanche, lorsque le patient arrêtera de prendre ses médicaments, les troubles resurgiront aussitôt avec la même force ou, pire encore, de façon plus intense et profonde.

Jean se présente un jour à mon cabinet et m'énumère une liste impressionnante de médicaments qu'il prend depuis des années, qui l'aident à vivre « le mieux possible étant donné les circonstances ». Il y a une dizaine d'années, en fumant du haschich, il a été victime d'une crise de panique violente, et depuis cette date les peurs, la claustrophobie et les crises de panique l'ont envahi et sont devenues les compagnes inéluctables de sa vie quotidienne. Il avait à ce moment-là 18 ans et a consulté depuis plusieurs psychiatres qui, selon ses propres dires, l'ont aidé à comprendre « beaucoup de choses sur lui ». Il « gère » maintenant ses peurs et ses crises de panique avec l'aide de médicaments. Il parvient à se « raisonner » et, à juste titre, en est fier, car il vit aujourd'hui presque normalement et peut de nouveau conduire une voiture, ce qui est important dans son métier. Il me raconte comment il parvient à voyager depuis quelques mois : il roule dans les heures creuses, ne prend qu'un Xanax et s'arrête dès qu'il y a un bouchon, car cela déclenche chez lui une attaque de panique... Il se demande néanmoins dans combien de temps il pourra vivre « normalement sans médicament ».

Tant bien que mal il gère ainsi sa vie et se porte bien mieux que lorsqu'il était incapable de faire autre chose que de paniquer ! Jean peut me décrire ses crises en détail et m'expliquer que l'origine de ses peurs remonte à sa première enfance, à une mère très protectrice et à un père presque absent. Il a fait la paix avec eux et leur a pardonné... Il s'attend maintenant à ce que je lui propose d'arrêter progressivement ses médicaments en leur substituant quelques substances naturelles. Il est donc fort surpris lorsque je lui déconseille fortement de le faire tant que le fond du problème ne sera pas réglé. En effet, à mes yeux, Jean est en meilleure forme qu'il ne l'était, mais rien d'essentiel n'a été réglé ! Qu'est-ce que son corps essaie de lui dire à travers ces crises de panique, même s'il semble les vivre mieux ?

Une autre approche est nécessaire

Essayons de comprendre ce que le corps dit à travers ces peurs et ces angoisses. De nouveau, notre meilleur ami, ce corps qui ne nous a jamais trahi, nous transmet un message clair et simple, un message

Les tremblements intérieurs

d'amour, et non un jugement ni une pensée contraire à celle énoncée par la peur. Que nous dit-il ? Il nous transmet un message de tension, rien de plus.

Pour comprendre ce que signifie cette tension ressentie, prenons l'exemple d'un élastique. Si l'on tient ce dernier par une main, l'élastique est détendu, souple et libre de toute contrainte. Pour tendre cet élastique, il est nécessaire de se servir de l'autre main, d'exercer une force contraire à celle qui le tient. Tant que la force opposée n'est pas présente ou ne s'exerce pas, aucune tension n'existe. Notre corps peut être comparé à cet élastique : tant que nous sommes nous-mêmes, exploitant nos qualités, centrés dans le ressenti et vivant le moment présent, une harmonie, une liberté et un bien-être suivent. À l'inverse, dès que nous commençons à nous positionner par rapport aux autres ou à suivre une règle qui n'est pas la nôtre, que nous pensons ou que nous vivons dans le passé ou l'avenir, une tension va apparaître de façon immédiate. Toute tension perçue, ressentie n'est autre qu'un message de notre corps essayant de nous dire que nous sommes en train de nous trahir, de nous manquer de respect, en somme, de ne pas être nous-mêmes, soit un être de lumière rempli d'amour (pour nous-mêmes et les autres) et de paix. Une tension vient nous dire : tu n'es pas en train de vivre, d'être.

Or, quand vit-on ?

Hier, aujourd'hui, ou demain ? La réponse est simple : nous vivons maintenant, dans le moment présent uniquement ! Tout le reste n'est que souvenirs ou pensées. Nous ne ressentons qu'au présent, et non au passé ni au futur. Nous nous souvenons des ressentis vécus hier, mais nous ne les vivons déjà plus. Nous pensons à ce que nous allons éprouver ou vivre tout à l'heure ou demain, mais nous ne pouvons rien ressentir, puisque nous ne ressentons que dans le moment présent. Par contre, si nous nous mettons à penser à demain, de façon pessimiste ou cauchemardesque, nous éprouvons immédiatement une tension, que nous appelons « peur », « angoisse », « panique », mais qui n'est en réalité qu'une tension indiquant de façon plus ou moins intense que nous ne sommes déjà plus dans le présent ; que nous ne sommes plus, par conséquent, en train d'être, de vivre, mais de penser... dans l'avenir.

Ce message transmis par notre meilleur ami est un message d'amour qu'il faut respecter, écouter, et non une voix dérangeante qu'il faut taire par tous les moyens ! Ce constat entraînera une nouvelle approche d'écoute de notre corps et de son message, et nous amènera à corriger le plus rapidement possible notre erreur. Notre but sera alors de revenir dans le présent en arrêtant de penser, et non de penser que ce que nous sommes en train de penser est faux ou sans aucune vraisemblance. En effet, nourrir ce genre de pensée entraîne généralement d'autres pensées et perpétue le cycle infernal.

Mais revenons à Jean et à ses paniques. Celles-ci, nous l'avons dit, sont ressenties physiquement comme des tensions intenses et désagréables, et signifient que Jean se trahit lui-même, ne respecte pas ce qu'il ressent au moment présent, vit dans son mental, et non en communication étroite avec lui-même. Il pense et oublie d'être, privilégie l'intellect par rapport au ressenti. Il vit donc dans l'avenir en tentant de prévoir tout ce qui pourrait lui arriver (de désagréable), et non dans le présent : il se voit déjà sur les routes, alors qu'en réalité il est confortablement assis dans son fauteuil, chez lui !

Quel est le message de la peur et de l'angoisse ?

Les tensions engendrées par la peur et l'angoisse sont des messages que nous envoie notre corps pour nous dire que nous sommes dans l'avenir, que cette façon d'être est fausse et que nous devons revenir sans tarder dans le moment présent, le seul moment que nous devons vivre. De la même manière, les tensions liées à la culpabilité nous disent que nous sommes dans le passé, et c'est oublier que nul ne peut le changer, que ce repli n'apporte rien de positif ni de constructif.

Par ce biais, notre corps essaie de nous faire reprendre contact avec notre être intérieur, notre noyau fondamental. La peur prend son origine dans la trahison de ce noyau. Lorsque nous vivons, non plus en rapport avec nous-même, mais en nous positionnant par rapport aux autres et aux choses extérieures, nous perdons le contact avec notre noyau et adoptons comme système de références celui établi par d'autres. Nous commençons alors à rechercher l'approbation des autres, ce qui implique que nous allons nous mettre constamment à penser. En effet, désirer l'approbation des autres signifie imaginer, anticiper leurs réactions futures devant nos actes, nos dires et nos attitudes.

Ce désir d'être aimé par les autres est avivé par la peur et ramène inévitablement à celle-ci. De plus, ce désir nous pousse sans répit à vouloir contrôler les événements et notre environnement : son corollaire, c'est la peur ! Peur que ce contrôle ne soit pas aussi parfait que nous le souhaiterions, peur de perdre l'approbation des autres. La recherche du pouvoir, les sentiments de supériorité et d'infériorité, la jalousie et l'envie naissent de la trahison et de l'absence de respect de soi. Rechercher à tout prix la considération nous pousse à accorder une importance démesurée aux choses extérieures, aux fonctions prestigieuses, à la richesse, qui ne sont que des états passagers de non-être. Aussitôt que ces éléments n'existent plus, il ne reste plus rien, si ce n'est le vide absolu. La peur de tomber dans ce vide atteint alors son paroxysme et le désir de contrôle n'en est que plus grand ; le cercle vicieux est créé et seul un retour à soi-même, c'est-à-dire à la tranquillité d'esprit, peut permettre de retrouver le calme et la sérénité. Le noyau fondamental est en effet libre ; il ne se compare pas aux autres, vu qu'il est le Tout. Il n'a cure d'être plus fort ou moins faible que les autres ; il se contente d'être, au présent, humble et naturel. Il se respecte et, par conséquent, respecte les autres, car il sait que ceux-ci sont comme lui : de l'énergie et de l'information plus ou moins utilisées et exploitées.

Jean a compris qu'il avait jusqu'à maintenant contrôlé ses vraies émotions. Par peur de ne pas être aimé comme il le souhaitait, il lui a fallu revêtir l'habit du fils « sans problème », calme, serein, ne posant aucune difficulté d'éducation à ses parents. En agissant de la sorte, il s'est perdu, et le haschich, en abolissant les énormes barrières dressées devant lui depuis des années, lui a révélé la profondeur de sa tristesse et de sa colère face à sa conduite. En prenant conscience de cela, Jean a pu alors vivre la colère et la tristesse ressenties, et se libérer de ses peurs et de ses paniques. Il ne prend plus de médicaments ni ne s'appuie sur quelque béquille que ce soit !

Nous voyons qu'à travers ces tensions, notre corps, par opposition au mental, nous ramène toujours dans le moment présent, et dès que nous en sortons, il nous rappelle que nous ne vivons ni dans le passé ni dans l'avenir, mais aujourd'hui ! Il nous dit : « Vis et arrête de penser à ce qui t'arrivera ou pourrait t'arriver demain. Ne pense plus à hier : cueille le jour ! » Il nous transmet aussi un autre message capital, son corollaire : « Vis ce que tu ressens et arrête de penser ! » Nous ne pouvons pas à la fois penser et ressentir : c'est totalement antinomique. J'ai pour habitude de rappeler à mes patients que s'ils se sentent bien lorsqu'ils écoutent de la musique, font l'amour, assistent à un spectacle ou contemplent un paysage, c'est qu'ils ne pensent pas : ils ressentent. Si l'on fait intervenir la pensée dans de tels moments, nous ne profitons plus de l'instant, et nous sommes incapables par la suite de nous souvenir de ce que nous avons vu, entendu ou fait, en plus de nous sentir mal et tendus.

Vivre le moment présent : essentiel au maintien d'une bonne santé ou à la guérison

Souvenons-nous de l'enfant que nous avons tous été. Il vit totalement au présent. Il ne sait pas ce qu'est demain ou hier ou tout à l'heure. Il désire une glace tout de suite, pas demain ! Il va du reste le signifier par des pleurs et des cris jusqu'à ce qu'il l'obtienne ou se fasse rabrouer. Essayez de lui expliquer qu'il mangera sa glace demain, il ne le comprend pas, car cette notion lui est totalement étrangère. Il lui faudra des années pour assimiler la notion d'un temps autre que le seul nécessaire à la vie : le présent. Il faudra « éduquer » l'enfant afin de lui inculquer des notions de temps, qui ne sont en fait que des constructions de notre brillantissime cerveau ! Il est d'ailleurs intéressant de relever au passage le fait que, après que nous ayons mis tant de temps à assimiler les notions de passé et de futur, la théorie de la relativité du temps nous a démontré que le temps est en réalité une notion variable, labile et, par conséquent, hautement intellectuelle !

Qu'est-ce que « vivre le moment présent » signifie dans la vie de tous les jours ? Est-ce ne plus rien prévoir et céder à toutes ses envies, à tous ses instincts ? Vivre le moment présent ne veut pas dire ne plus penser ou être dénué de toute intelligence, bien au contraire ! Être soi-même et vivre dans le présent procure la plénitude, la joie de vivre et l'harmonie. Se laisser aller à soi-même ne signifie pas se laisser aller à ses instincts, mais à lâcher prise, accepter ce qui est et ce que nous sommes au fond de nous-mêmes, c'est-à-dire bons et pétris de qualités.

La pensée n'est qu'une partie au service du Tout, et non l'appendice principal de l'homme, un appendice qui dirige tout, honorant ce que les autres lui ont enseigné, niant tout ce qui n'est pas raisonnement et rationalité. La pensée doit être au service des aspirations de l'homme, et non le contraire. Elle organisera, par exemple, le voyage que l'on a envie de faire, mais ce n'est pas elle qui l'aura décidé ; elle agit au même titre que les bras, les jambes et toutes les autres parties du corps. Elle embellit l'être qui l'utilise et participe à son rayonnement : c'est un outil essentiel, non une finalité.

Malheureusement, penser n'apporte le plus souvent que des problèmes et des tensions ! En effet, la plupart du temps, nous pensons « dans le vide », et non de façon appliquée. Notre mental s'élance vers l'avenir, invente un scénario catastrophique ou idéaliste, mais la réalité s'avère chaque fois très différente. Nous prévoirons, par exemple, que ce soir nous passerons une excellente soirée, car à 22 heures l'être aimé va succomber à nos charmes. Mais sans doute qu'elle n'arrivera pas à l'heure, qu'elle ne succombera pas ou qu'un empêchement de dernière minute l'obligera à annuler la soirée !

Pour nous persuader de l'inutilité de penser dans l'avenir, nous n'avons qu'à compter le nombre de fois où nous entendons les réflexions suivantes : « Jamais je n'aurais pensé que cela pouvait arriver » ou « C'est la dernière chose à laquelle j'avais pensé ! » La plupart du temps, nous pensons faux ! Notre cerveau n'est pas aussi brillant que l'homme le voudrait. Il est incapable de choisir entre trois possibilités. C'est un ordinateur qui a été plus ou moins bien programmé au cours de son éducation. Il ne ressent rien et il est purement analytique. Il est capable de dresser des tableaux de plus et de moins, mais c'est un piètre compagnon lorsqu'il s'agit de choisir. À mes yeux, la fameuse phrase de Descartes, « Je pense donc je suis », est l'une des plus grandes sottises énoncées au XVIIe siècle. Malheureusement, beaucoup trop d'entre nous continuent à être convaincus de la grandeur de ce postulat.

J'ai l'habitude de poser la question suivante à mes patients : « En vous levant le matin, demandez-vous à votre main droite ce qu'elle a envie de faire aujourd'hui ? » Pourquoi le faire avec votre cerveau ? Ce même cerveau, aussi limité et mauvais conseiller qu'il soit, devient en revanche un instrument irremplaçable lorsqu'il est mis au service de l'être que nous sommes, au même titre que toute autre partie de notre corps. Mais souvenons-nous qu'alors ce n'est ni le cerveau ni la main droite qui décide, mais l'homme, l'être, qui décide et coordonne nos actes, qui délègue en partie au cerveau. L'ordinateur devient alors hyper performant, car il est dirigé par un être doté d'intelligence, de sensibilité, d'intuition, de créativité. C'est cet être, avec ses envies, qui dirige l'ordinateur et lui demande de remplir certaines tâches importantes.

« Projeter » est très différent de « penser dans le vide ». Lorsque nous projetons, nous utilisons notre cerveau dans le but d'organiser un événement ou un acte que nous désirons vivre ou réaliser. Qu'est-ce qu'un projet si ce n'est la projection d'une envie au présent que nous contenterons plus tard ? Lorsque nous éprouvons une envie qui émane du centre de notre être (et non de notre cerveau !), mettons notre cerveau à son service afin qu'elle puisse se concrétiser. Cet acte de pensée sera très différent de celui qui suscite nos peurs, car un projet est une envie présente que nous organisons avec l'aide de notre cerveau dans le but de la vivre (peut-être !) un jour.

Le bien-être ressenti par notre corps nous prouve que, lorsque nous projetons de faire telle ou telle chose, nous ne ressentons pas de tension, mais le plus souvent une sérénité ou une excitation bienfaitrice. En revanche, lorsque nous imaginons que nous vivrons tel événement demain, nous ressentons soit un bien-être factice (dans le cas du rêve éveillé), soit une tension (dans le cas du cauchemar), soit l'un et l'autre à la suite. Tout cela est simple, à la condition que nous soyons à l'écoute de nous-mêmes !

Vivre le moment présent signifie par conséquent ne pas « penser dans le vide », c'est-à-dire ne pas penser inutilement. Comprendre cela, c'est retourner aux ressentis à la base de notre intelligence vraie et innée. Nous ne vivons pas que par la pensée, nous sommes beaucoup plus que cela. Exister englobe bien plus de facultés que la pensée, car ce n'est pas l'intelligence qui ressent le bonheur, la joie, la tristesse… Bien entendu, la pensée existe, mais elle est au service de nos aspirations profondes. Le cerveau permet la communication et possède beaucoup d'autres pouvoirs, mais il n'est pas pour autant le centre de l'homme. Il suffit pour s'en convaincre d'observer sa place dans le corps humain !

« Vivre le moment présent » au quotidien

Le terme « vivre » comporte tellement de significations qu'il serait très difficile de le définir en quelques mots ! Tentons tout de même notre chance. C'est un ensemble d'émotions, de sensations, d'intuitions. L'intuition n'est pas une pensée ; c'est un ressenti émanant du plus profond de notre être, qui nous avertit, nous guide, nous fait pressentir certaines choses ou certains événements à venir. L'intuition est l'antithèse de la « pensée dans le vide », elle fait partie des multiples ressentis qui nous habitent et font que nous « sommes ». Vivre signifie être en contact avec l'ensemble de nos ressentis. Ce contact ne peut s'établir que dans le moment présent ! Nous ne vivons pas demain, ni hier, ni même tout à l'heure ! La vie n'est qu'une succession de moments présents pendant lesquels nous ressentons, agissons, parlons et pensons. Cet ensemble de phénomènes constitue la vie au présent, une vie plus ou moins intense, selon les ingrédients à notre disposition et ceux que nous désirons utiliser.

Ces ingrédients sont les qualités, les forces intérieures à notre disposition depuis notre naissance ; celles que nous posséderons jusqu'à notre mort. Ces qualités, que l'on retrouve chez tout être, sont variables dans leur intensité et leur répartition, ce qui crée la particularité de chaque être. L'utilisation ou la non-utilisation de ces dernières dans le quotidien va déterminer notre bonheur et notre état de santé. Vivre est par conséquent déterminé aussi par la façon dont nous allons utiliser notre potentiel. Lorsque nous l'utilisons totalement, nous ressentons une plénitude, une harmonie et une paix intérieure que nous appellerons « bonheur ». À l'inverse, si nous n'exploitons pas ce potentiel, nous ressentirons des tensions et nous serons malheureux (ce qui ne veut pas dire tristes !).

Face à ce discours, nombre de personnes rétorqueront que tout cela est bien beau, mais que la vie vous met dans des situations imprévisibles qui vous rendent « malheureux » et qui vous forcent à vous décentrer par rapport à votre noyau fondamental, à votre non-mental. Ces personnes ont tout à fait raison : la vie n'est pas tous les jours rose et elle apporte son lot de difficultés. Il n'est pas question de fuir cette réalité, mais de faire face à ces événements douloureux avec notre vaste potentiel. Lorsque le moment présent est difficile, il est d'autant plus important de le « vivre », car c'est dans ces instants que nos ressentis devraient être très présents, de manière à trouver en nous-mêmes les forces nécessaires.

Si nous choisissons de nous laisser mener au gré des difficultés, c'est-à-dire de nous positionner par rapport à ce moment, et non plus de rester centrés, alors nous perdons notre identité et ne sommes plus que des personnes en lutte. Nous perdrons beaucoup d'énergie, nous provoquerons des blocages et nous serons malheureux, angoissés, etc. Notre corps, par ce biais, essaiera de nous transmettre un message : « Tu n'es plus centré sur toi-même. Tu es en train de t'oublier au profit de quelque chose qui n'est pas toi. Vis ce que tu ressens face à cet événement difficile : tristesse ou colère. Cesse de penser et accepte de vivre pleinement ce que tu ressens ! » Rien au plus profond de nous-mêmes ne va nous inciter à occulter l'événement, mais va au contraire nous pousser à le vivre dans notre essence, c'est-à-dire par la voie de nos ressentis, et non par celle de notre mental !

Sylvie travaillait dans une multinationale depuis quelques années. Elle était fatiguée, insomniaque et souffrait de brûlures d'estomac chroniques. Tous ces symptômes remontaient à deux ans environ, date à partir de laquelle des bruits circulaient dans son entreprise sur une éventuelle fusion avec une société dont le siège social

Les tremblements intérieurs

se trouvait dans un pays étranger. Elle craignait de perdre son poste et ne désirait pas quitter la ville où elle vivait. Les peurs et les angoisses la submergeaient de façon régulière, avec son cortège de maux et de fatigues.

Sylvie se rendait compte combien il était inutile de penser à un événement qui n'avait pas encore eu lieu, mais « ne pouvait pas s'empêcher de le faire ». Que lui disait son corps ? « Bravo, c'est bien, tu es centrée et tu vis le moment présent ?! » Certainement pas, si on en croit ses symptômes. Son meilleur ami lui communiquait clairement qu'elle devait revenir dans le présent, vivre ce qu'elle ressentait et se laisser aller à couler des jours heureux.

Sylvie s'est mise alors à faire de la relaxation, ce qui, pendant une longue période, l'a beaucoup aidée a calmer ses maux et à ne plus penser à cet avenir hypothétique. Malheureusement, la fusion a eu lieu un an et demi plus tard et les mêmes maux sont revenus, d'autant plus intenses que Sylvie fut licenciée ! Elle ne comprenait pas pourquoi, alors qu'elle continuait assidûment à se relaxer, les tensions ne disparaissaient pas. Elle ne vivait pas dans l'avenir, évitait de penser à ce qui allait lui arriver, faisait confiance au moment présent et à sa bonne étoile, et pourtant, les brûlures d'estomac et les insomnies avaient recommencé.

Elle comprenait que son corps essayait de lui dire qu'elle faisait fausse route, mais elle ne voyait pas en quoi. Quand je lui demandai ce qu'elle ressentait, elle me répondit que, d'un côté, elle était soulagée qu'une décision ait été enfin prise pour elle, mais que, de l'autre, elle était triste de perdre cet emploi qu'elle adorait. Elle se permettait de pleurer et, se respectant sur ce plan-là, elle comprenait encore moins la raison de ses maux. N'éprouvait-elle pas de la colère ? Sylvie comprit alors qu'elle était furieuse d'être la victime de cette fusion, qu'elle en voulait à la terre entière, tout en étant soulagée et triste. Mais que faisait-elle de la colère ? Rien, d'où ses symptômes, qui cependant disparurent aussitôt qu'elle eut vécu sa colère.

Vivre, c'est accepter la vie de tous les jours avec ses petits bonheurs et ses joies, mais aussi ses moments plus douloureux et difficiles ; c'est accepter la vie tout en restant soi-même, c'est-à-dire en ne se coupant pas de ses ressentis, mais en les vivant au moment présent. Alors notre corps nous félicitera et nous serons sereins, y compris lors des moments difficiles. Cette fabuleuse capacité de vivre le moment présent doit nous faire prendre conscience des moyens illimités que nous possédons. Il suffit de vivre et de faire confiance, car nous avons tout en nous pour faire face à n'importe quel événement !

L'élimination des « pensées dans le vide »

Il est facile d'admettre que penser est inutile lorsque cette pensée n'est pas mise au service d'une envie ; mais il est parfois plus difficile de bloquer ce mécanisme que notre éducation a créé pour que nous puissions nous défendre et ne pas souffrir.

Nous avons vu précédemment que lorsque nous vivons dans le passé ou l'avenir nous sommes en train de penser et nous ne ressentons plus rien, si ce n'est une tension de plus ou moins grande intensité. Afin de revenir au moment présent, et par conséquent à notre ressenti, nous devrons utiliser des techniques qui nous permettront d'arrêter de penser et de retourner au centre de nous-même.

Se recentrer grâce à la respiration

De multiples techniques sont à notre disposition, des plus simples aux plus élaborées. Cependant, toutes accordent une importance primordiale à une fonction sans laquelle nous ne pouvons pas vivre : la respiration ! Ce mouvement mécanique est en réalité chargé de signification. En observant quelqu'un respirer, chacun peut reconnaître certains points, sans qu'il lui soit nécessaire pour cela d'être un thérapeute émérite. Les expressions populaires sont là pour le prouver. Ne dit-on pas : « Cela m'a coupé le souffle », en relatant une émotion intense, ou « Je suis à bout de souffle », lorsque nous sommes épuisés ? Quand nous sommes tendus, notre respiration devient superficielle et s'accélère. Cette façon de raccourcir notre souffle est le meilleur moyen de nous anesthésier en affaiblissant l'énergie circulante. En revanche, dans un moment de tranquillité, notre souffle devient profond et plus lent. La respiration est un acte de vie et peut nous aider à nous recentrer dans le présent, d'une manière simple et efficace.

L'exercice de base de la respiration dans le but de se relaxer est simple : il suffit d'amplifier la respiration mécanique en prenant conscience que celle-ci est le plus souvent superficielle. Nous devons alors respirer « avec le ventre », et nous concentrer sur les inspirations et les expirations. Petit à petit, la respiration se fait plus profonde, l'expiration plus longue, plus intense. Nous n'allons pas ici décrire plus en détail cette technique, qui est enseignée par des thérapeutes et peut mener très loin en soi-même (et éventuellement hors de soi-même) lorsqu'elle est poussée à son paroxysme. Retenons le fait que respirer avec le ventre entraîne une relaxation qui s'accompagne d'une dissolution des tensions ressenties et d'un mieux-être.

Comment peut-on expliquer ce phénomène ? Pour respirer plus profondément, nous devons porter notre attention sur notre ventre, car notre respiration est habituellement superficielle, sauf en dormant ou au repos. Cette technique nous oblige à arrêter de penser et, par la même occasion, nous ramène dans le moment présent, car nous ne respirons pas hier ni demain, mais maintenant ! Nous retournons alors au centre de nous-même, ne pensons plus et, par conséquent, commençons à ressentir, d'où une relaxation immédiate. Notre corps nous dit par ce biais : « C'est bien, tu es de nouveau en contact avec toi-même ! »

La respiration me semble être quelque chose de tellement important que son enseignement devrait être intégré à toute éducation et, puisque ce n'est pas encore le cas, par tous les patients. Cette technique de base devrait être enseignée dans les hôpitaux, les cliniques et les centres de santé, ce qui, du reste, commence à se faire (en Californie notamment). Cependant, elle est pratiquée depuis longtemps par tous les sportifs de haut niveau, les artistes et bien d'autres personnes encore, mais son enseignement devrait faire partie de toute approche thérapeutique et elle devrait être intégrée à toute étude médicale, ce qui est loin de faire l'unanimité, puisque la médecine traditionnelle favorise depuis trop longtemps les relaxants chimiques, dont l'action masque et enfouit les tensions, et ne ramène pas du tout le patient en son centre, mais bien au contraire lui en rend l'approche encore plus difficile.

Vivre le silence

La respiration permet aussi d'établir le silence en soi, qui offre une voie complémentaire pour revenir dans le moment présent. *Le silence est d'or,* dit le dicton. Vivre le silence est difficile au début. En effet, en faisant l'expérience du silence, nous nous rendons compte de l'incroyable masse de bruits extérieurs et intérieurs dans laquelle nous vivons quotidiennement. Cette expérience est pourtant simple et devrait se pratiquer régulièrement. Elle consiste à s'abstraire d'activités telles que bavarder, regarder la télévision, écouter la radio ou lire. En faisant le silence autour de soi, nous nous apercevons que le vrai silence n'est pas présent en nous et que notre mental continue à travailler, que le discours intérieur se poursuit et semble même s'amplifier. Ce constat peut créer de l'anxiété chez certains, mais bientôt le silence s'établira et fera taire l'obscur et désordonné brouhaha intérieur ; c'est alors que la paix envahira notre être pour que nous puissions entrer en contact avec notre noyau fondamental, notre non-mental.

Afin de comprendre l'importance du silence intérieur, imaginons une pièce insonorisée. Le moindre bruissement qui se fera entendre dans cette pièce sera perçu très clairement et se propagera à l'intérieur de l'espace. À l'inverse, dans la rue, des bruits sonores pourront ne pas être perçus à cause du brouhaha ambiant. Par analogie, un ressenti émanant de notre être a besoin de silence afin d'être perçu et vécu consciemment. Si les bruits extérieurs et intérieurs sont trop importants, ce ressenti passera inaperçu et nous ne pourrons que passer à côté. Or, nous savons que la facture à payer à la suite de ces « oublis » de nous-mêmes risque d'être salée ! La pratique du silence permet d'atteindre un stade de conscience bien plus subtil et nuancé, beaucoup plus proche de ce que nous sommes réellement, mais que nous négligeons trop souvent, occultés par le dialogue intérieur qui ne cesse d'accaparer notre espace intérieur et d'importuner l'être que nous sommes,

Vivre le silence par la respiration permet de revenir au centre de soi-même, à notre noyau fondamental. Ce noyau est merveilleusement calme, contient toute la connaissance, la force et le devenir de notre être : il *est* ! Il nous permet d'entrer en contact avec la vie et sa profonde pulsation, porteuse de créativité illimitée. Ce noyau nous relie au cosmos, à la terre, à la vie sous toutes ses formes. Il est à la fois unique et multiple, original et semblable : il contient le Tout. Il nous apporte cette puissance réelle (et non rêvée !) que nous sentons lorsque nous sommes en communion avec l'univers dans nos moments de grand bonheur. Ce noyau existe, libre, dans le présent. Il ne craint rien et est la seule voie par laquelle nous pouvons accéder à la sérénité. Il est énergie et contient l'information innée, au même titre que tout ce qui vit dans l'univers ; de ce fait, il est en contact avec le reste de l'univers et en perpétuel échange, car il est mouvant, dynamique. Il ne lutte pas, il se contente d'être. Il contient l'information de demain, au même titre que le bourgeon contient la future plante, qui ne peut exister si le bourgeon n'a pas la possibilité d'être *aujourd'hui*.

Le mental, lui, est l'instrument qui nous déconnecte du moment présent et, par conséquent, de notre noyau fondamental. Il est le brouhaha de notre cerveau, polluant de bruits inutiles et perturbateurs ce que nous appelons pompeusement nos « pensées ». Le mental organise une pseudo-information, un leurre d'intelligence, un monde virtuel peuplé de monstres ou de créatures de rêves. Il est immobile, sans énergie, ne contient que ce que les autres nous ont appris, n'entretient aucune relation d'amour avec la vie. Il nous entraîne vers le vide alors que notre noyau fondamental n'est que plénitude.

Hormis la respiration, toute occupation permettant de vivre le présent devrait servir de méthode de relaxation. Chacun aime exercer un art ou pratiquer un sport, lire, jardiner, bricoler, coudre, etc. Ces occupations sont à même de nous ramener au moment présent et peuvent être fort utiles pour arrêter de penser dans le vide. Mais attention. Ne remplacez pas l'être par le faire ! Trop de gens courent toute la journée en se disant « tellement occupés » qu'ils oublient d'exister ! Ils devraient s'arrêter un instant, respirer, faire le silence en eux-mêmes et ils découvriraient alors que leur corps demande plus d'attention.

Tous les moyens qui nous ramènent au centre de nous-mêmes sont à considérer. Chacun de nous doit choisir ceux vers lesquels va sa préférence. Seulement, la respiration et le silence sont les bases sans lesquelles le véritable bien-être ne peut advenir.

Chapitre 4

Le stress

Le stress, tel que défini par Hans Selye après sa découverte de 1928, est « une réponse non spécifique de l'organisme humain à toute stimulation ». Cette réaction automatique du corps est tout à fait naturelle et, en tant que telle, n'est pas pathologique, bien au contraire. C'est elle qui, par exemple, nous permettra de nous adapter à des conditions climatiques différentes ou de faire face à des situations inattendues.

Gardons à l'esprit que la réaction de notre corps sera la même, que les stimulations soient positives ou négatives, car on assimile trop souvent le stress à une sensation néfaste, ce qui n'est absolument pas le cas. La réaction de notre corps est adaptée à la stimulation qu'il reçoit. Les stimulations peuvent être extérieures, le chaud et le froid, ou intérieures, la joie et la tristesse.

La croyance populaire veut que le stress soit causé par les difficultés de la vie quotidienne, qui engendrent les maladies. C'est tout à fait faux ! Ce n'est pas le stress lui-même qui est négatif, mais nos réactions face à lui. Ce sont nos réactions négatives qui engendrent les maladies. Notre corps réagit automatiquement par une série d'événements chimiques très complexes. Il est parfaitement adapté à faire face, par ce mécanisme, aux stimulations de la vie extérieure ou intérieure, tant que celles-ci restent dans les limites de la vie. Une température très élevée, par exemple, fera réagir notre corps, et c'est cette réaction qui constitue le stress. Si la température est beaucoup trop élevée ou que nous y sommes exposés beaucoup trop longtemps, il s'ensuivra un épuisement de toutes les réactions « normales », provoquant ainsi de graves problèmes qui ne seront pas le résultat d'un déséquilibre face à une situation donnée, mais d'une souffrance face à une agression, ce qui est différent du stress que nous vivons dans notre quotidien.

Quels sont les mécanismes intimes de la réaction automatique de notre corps face à un stress, qu'il soit extérieur ou intérieur ? Notre système nerveux central est composé de deux centres principaux : un centre de stimulation, appelé « système sympathique », et un autre de relaxation, appelé « système parasympathique ». Lorsqu'une stimulation survient, notre système sympathique se met en mouvement et une infinité de réactions chimiques sont déclenchées dans notre corps : pouls accéléré (tachycardie), sueur, tensions dans les muscles trapèzes (entre la base du cou et les épaules), bouche sèche, etc.

Peu de temps après, le système parasympathique se met en branle pour provoquer une relaxation qui survient habituellement à la suite d'une série de réactions chimiques contraires. Cette relaxation met fin à la tachycardie, à la sueur et aux tensions musculaires. Les sentiments de tension et de décontraction qui suivent un stress sont bien connus de chacun. Souvenons-nous qu'à chaque stimulation, positive ou négative, grande ou petite, notre corps enclenchera ce processus, et qu'un corps en santé se présente comme un système en équilibre, quelle que soit la forme qu'il revêt.

Décrire les réactions chimiques dans le détail serait fastidieux, mais certains aspects sont importants à connaître pour comprendre les mécanismes qui mènent à la maladie, permettent de s'en protéger ou d'en guérir. Ces réactions provoquent dans le corps une grande consommation de vitamines et d'oligo-éléments, qui sont brûlés lors du processus menant à la décharge d'adrénaline, qui, elle, provoque les signes physiques décrits plus haut. Cette dernière n'est pas la seule réaction de notre corps ; la circulation artérielle et veineuse sera aussi accélérée par une contraction des parois des vaisseaux, ce qui explique la tachycardie et les problèmes circulatoires ou cardiaques qui peuvent survenir lors de stress importants. Ce dernier mécanisme est aussi à la base de l'apparition de la cellulite chez de nombreuses femmes, d'autant plus qu'une autre réaction du corps est de stocker les graisses (lipides). Ce stockage de graisses explique pourquoi de nombreuses personnes soumises à un stress de longue durée peuvent prendre des kilos et ne jamais parvenir à les perdre tant qu'elles sont soumises au même stress, de façon continue ou répétée.

Autre point capital : le corps possède un système de défense complet face aux agressions étrangères, qu'elles viennent des bactéries, des virus ou des parasites. Ce système de défense fort complexe est constamment en état d'alerte. Il possède une mémoire fabuleuse et nettoie le corps de toutes les cellules qui ne sont pas les copies conformes de leur cellule mère. Lors de stress importants, les fonctions de ce système de défense subsistent, mais deviennent inactives ou ne fonctionnent plus normalement. Si nous procédions à des analyses sanguines, nous constaterions alors que la quantité, la diversité et les caractéristiques des globules blancs se maintiennent dans les limites de la norme, alors qu'en réalité ce système serait désactivé et, par conséquent, ne serait plus en mesure d'assumer son rôle principal, soit de défendre notre corps ! Cette désactivation de notre système immunitaire est certainement à la source de multiples pathologies importantes.

N'oublions pas qu'à la suite d'une décharge d'adrénaline, l'autre système de relaxation reprend le dessus et « annule » toutes les réactions du système sympathique, de manière à rétablir l'équilibre. Néanmoins, si les stress sont trop fréquents, ce système s'épuisera ou n'aura tout simplement pas le temps de se rétablir. La personne se mettra à subir une forme d'agression, qui viendra autant de son propre corps que de l'extérieur. Ce point est capital si l'on veut apprendre à vivre avec son stress de façon harmonieuse.

Les réactions au stress

À travers l'activation du système sympathique, nous avons vu que de nombreuses réactions sont possibles. Si elles sont trop fréquentes, trop intenses ou trop durables, elles peuvent mener à de nombreux troubles, allant du simple rhume à des pathologies plus importantes. Est-ce à dire que chacun de nous est sur un pied d'égalité face au stress et que toute personne subissant un stress particulier va réagir de la même façon, et développer obligatoirement telle ou telle maladie ? Bien évidemment que non !

Chaque individu est unique, ce qui suppose que chacun d'entre nous réagira de façon particulière face à un même stress. Cette réaction dépend de multiples facteurs, qu'ils soient liés à l'éducation, à l'expérience, à la connaissance ou à la spiritualité. Des scientifiques ont tenté de catégoriser les individus et leurs réactions face au stress. Leur étude s'est basée sur l'analyse sanguine de taux d'hormones spécifiquement liées au stress, c'est-à-dire produites par notre corps en cas de stress, ainsi que sur la mesure des taux urinaires des métabolites, produits par la dégradation de ces hormones. Sur la base de ces analyses, ils sont parvenus à établir trois grands groupes, qu'ils ont appelé type A, B et C.

Le type A regroupe des personnes réagissant de façon extrême au stress. Elles vivent toute stimulation de façon très intense et ont besoin de ce stress pour vivre. Il semble, selon ces études, que dans une même famille plusieurs membres fonctionnent de la sorte. Est-ce qu'un facteur héréditaire ne serait pas à la base de ce mode de fonctionnement ? Nous pouvons nous poser la question.

Les gens appartenant au type B réagissent « normalement » au stress, c'est-à-dire en produisant des substances chimiques dont les valeurs sanguines restent dans les normes et en ayant des réactions comportementales standards.

Le type C regroupe les individus qui produisent très peu de substances hormonales et qui sont les moins atteints par le stress.

Cette classification est intéressante, mais elle n'apporte malheureusement pas de réponse à la question principale : comment vivre avec le stress ? Il est certainement passionnant de connaître notre appartenance à tel ou tel groupe, mais que faire de cette information lorsque nous la détenons ?

La gestion du stress

Afin de pouvoir vivre harmonieusement avec son stress, il nous faut bien comprendre ce qu'il produit dans notre corps et en tenir compte dans notre vie courante. Reconsidérons tout d'abord les effets physiques du stress et essayons de comprendre comment nous pouvons les minimiser ou vivre avec eux de la meilleure façon.

Se doter de « béquilles »

Le stress induit une consommation de vitamines et d'oligo-éléments accrue, ce qui signifie une dépense en certaines substances telles que le magnésium, le zinc, les vitamines B, dont la vitamine B6 plus particulièrement. Il semble donc important, lorsque nous traversons une période de stress, de prendre des suppléments vitaminiques pour compenser les pertes. Si cette période de stress est prévisible, il est alors important de les prendre à l'avance par souci de prévention, plutôt que de les prendre après, pour guérir !

Il existe encore un certain nombre de gens qui se targuent d'être des « scientifiques » et qui déclarent que ces substances ne servent à rien et qu'elles sont nocives pour l'organisme. Ces personnes, que l'on retrouve dans les milieux médicaux et pharmaceutiques, sont celles-là mêmes qui vont ordonner un mélange de paracétamol et de vitamine C lors d'un refroidissement, et déclarer que la nourriture équilibrée apporte suffisamment de ces substances pour assurer de bonnes défenses à l'organisme... Hormis le fait que leur argumentation n'a rien de scientifique et qu'elle est totalement incohérente, ces personnes se trompent (ce qui est grave en soi mais ne porte pas à conséquence) ou trompent leurs patients, et ce, de plusieurs façons. Tout d'abord, s'il est vrai que les oligo-éléments et les vitamines se trouvent à l'état naturel et sont alors très bien assimilés par notre corps, il faut se souvenir de la piètre qualité des fruits et des légumes produits et consommés de nos jours. De plus, comment peut-on honnêtement soutenir que les vitamines sont dangereuses ou ne servent à rien, alors que ce sont des substances que l'on trouve dans notre corps, qui participent grandement à de multiples réactions chimiques et sans lesquelles ces dernières ne peuvent pas s'effectuer ? Comment peut-on soutenir que le corps va immédiatement rejeter ces substances sans les avoir utilisées, alors que des dizaines d'études ont prouvé le contraire ? Détournons-nous de ces « esprits brillants » et revenons aux substances de substitution à prendre lors de stress !

Il n'y a aucun risque à prendre des vitamines et des oligo-éléments, y compris pendant une longue durée. Seules les vitamines A, E, K et D sont stockées par notre organisme et doivent par conséquent être consommées dans des dosages spécifiques. Le reste des oligo-éléments et des vitamines peut être consommé de façon régulière, sans que nous ayons à nous soucier particulièrement des effets secondaires qui seraient liés à des surdosages. Plus le corps vieillit, moins l'assimilation par les intestins des substances nutritives est bonne, cela étant dû à une dégradation de la muqueuse intestinale ; il me semble alors très important de parer à cet inconvénient par la consommation quotidienne de vitamines et d'oligo-éléments.

Le stress induit la production de radicaux libres, substances non naturelles qui circulent dans l'organisme et qui bloquent un certain nombre de réactions chimiques dans notre corps. Ces substances sont hautement toxiques et sont supposées être à l'origine d'un certain nombre de pathologies importantes, telles que le cancer, la sclérose en plaques, etc. Ces radicaux libres sont combattus et éliminés par les vitamines antioxydantes, telles que les vitamines C et E. Des mélanges de vitamines sont par conséquent nécessaires et très utiles pour prévenir la production de ces radicaux libres ou pour les éliminer. Faut-il pour autant absorber n'importe quoi, n'importe comment ? Non ! La solution idéale serait de consulter un thérapeute qui connaît bien ces substances et qui peut vous conseiller tel ou tel produit, puis en établir les dosages. À ce sujet, il est très intéressant de constater que les dosages recommandés en Europe et aux États-

Unis varient grandement, ce qui tend à prouver que les « scientifiques », d'un côté comme de l'autre de l'océan Atlantique, (ou des deux côtés ? !) se trompent.

Le stress produit aussi une acidification de notre organisme, qui conduit à moyen ou à long terme à des troubles dits de « civilisation », tels que l'arthrose, l'arthrite, le cancer et la sclérose en plaques. Cette acidification, malheureusement très fréquente, est constatée par la mesure de l'acidité urinaire (pH urinaire). Son origine est aussi d'ordre nutritionnel : de nombreuses personnes stressées mangent mal, car elles mélangent des aliments qui produisent des acides, qui à leur tour engendrent du stress. Cette question importante mériterait la rédaction à elle seule d'un livre[3], et nous en reparlerons dans le chapitre sur la nutrition.

Le stress conduit à une contraction de la musculature lisse des vaisseaux sanguins des systèmes artériel et veineux, et à un stockage des lipides (graisses). Cela, nous l'avons vu, peut entraîner, à la longue, des troubles circulatoires (ictus, infarctus, phlébites), des troubles de la chimie sanguine (hypercholestérolémie, hypertriglycéridémie), des troubles tels que l'apparition de la cellulite chez la femme. Encore là, les oligo-éléments et les vitamines trouvent leur place afin de minimiser ces phénomènes. Le magnésium est excellent pour diminuer les contractions de la musculature lisse et est actuellement fort utilisé par les femmes enceintes dans le but de réduire les contractions utérines en fin de grossesse. D'autres substances, telles que la vitamine E, peuvent participer à une meilleure circulation.

J'ai l'habitude de conseiller à mes patients de faire des cures de deux mois au printemps et à l'automne (périodes de l'année où les gens sont les plus faibles), afin de renforcer leurs défenses naturelles et de minimiser les effets négatifs du stress. Pendant ces cures, les patients reçoivent des suppléments de magnésium sous forme d'orotate (3x/jour), de vitamine C (2x1g/jour) et de vitamine E (400 UI/jour), une préparation incluant les vitamines B et un peu de vitamine A. Une analyse de cheveux permettra aussi de préparer, selon les résultats de chacun, les oligo-éléments nécessaires. Cette façon de procéder ne comporte aucun risque et donne de bons résultats, mais doit être considérée comme un soutien utile pour faire face aux effets du stress, et non comme une finalité !

Nous avons abordé jusqu'à présent les « béquilles » mises à notre disposition pour soulager les effets engendrés par le stress. Il est clair que les béquilles n'ont jamais guéri une fracture, que seule la personne souffrant de la fracture est à même de guérir. Les vitamines, les oligo-éléments et les autres substances sont des béquilles certes importantes, mais ne peuvent pas guérir à eux seuls ; il est important de le souligner. En effet, on trouve de plus en plus de thérapeutes qui rejettent l'approche médicale allopathique (traiter les symptômes et non la cause, utiliser des médicaments chimiques pour contrer les symptômes), mais agissent de la même façon avec des substances naturelles, homéopathiques et autres. Aucune substance, chimique ou naturelle, ne peut guérir sans l'aide et l'accord de celui qui souffre ! Seul le patient atteint d'une maladie peut le faire ! Ainsi, seuls, nous pouvons prévenir ou guérir les effets du stress, certes en s'aidant de béquilles le moins toxiques possible, mais en gardant toujours à l'esprit que nous sommes totalement maîtres de notre santé.

Refuser de suivre notre pire ennemi : le mental !

Quels moyens possédons-nous en nous-mêmes pour minimiser les effets du stress ? Notre corps est parfaitement adapté pour réagir aux effets induits par une stimulation extérieure ou intérieure. Par exemple, si nous sommes exposés subitement à une température extérieure froide, notre premier réflexe sera de nous couvrir ; si nous approchons de trop près notre main d'un feu, notre réflexe immédiat sera de retirer notre main de la source de chaleur excessive. Ces réflexes sont automatiques, passent par un système très élaboré de terminaisons nerveuses, de synapses et de diverses substances permettant le transfert de l'information vers le cerveau ou la moelle épinière. Tant que la « machine » fonctionne bien et n'est pas diminuée par une perte de sensibilité ou de motricité, le corps réagit de façon quasi automatique et fait aisément face aux stimulations extérieures.

Dans ces cas, notre cerveau est peu mis à contribution et le mental ne joue aucun rôle.

Notre être est aussi bien équipé pour faire face à des stimulations intérieures, mais trop souvent, un élément perturbateur interviendra pour contrer les mécanismes naturels et innés, et pour les empêcher de jouer leurs rôles spécifiques, ce qui entraînera, à la suite d'une stimulation, un « stress négatif ». Nous avons vu plus haut que le mot « stress » est ici mal employé, car en réalité il recouvre les effets induits par la réaction inappropriée de notre corps face à une stimulation, c'est-à-dire face aux tensions et aux autres symptômes qui résultent d'un dysfonctionnement dans le processus d'adaptation de notre être à une stimulation intérieure.

Utilisons un exemple afin de clarifier cette notion. Un employé de bureau est agressé verbalement de façon répétée (stimulation extérieure) par son chef ; sa réaction naturelle, spontanée sera de faire remarquer d'une façon ou d'une autre (stress) à son chef qu'il ne tolère pas ce comportement. Jusqu'ici, la réaction est adaptée et tout se passera bien, l'employé se sentira tout de suite mieux si sa réaction a été proportionnelle à l'agression subie. Aucun effet négatif ne sera perçu et ne l'affectera ; aucun « stress » (pris dans le sens du langage commun) ne se manifestera. L'employé poursuivra son travail, détendu et soulagé.

Si, contrairement à ce que serait sa réaction naturelle et spontanée, l'employé se tait par peur d'être renvoyé ou par désir de paix, ou simplement parce qu'il est trop impressionné, il ressentira très vite une tension en lui, qui dégénérera plus ou moins rapidement pour prendre la forme d'insomnie, de colères à la maison ou de crampes d'estomac, par exemple. Ces effets ne constituent pas le stress en tant que tel, mais sont plutôt les conséquences d'une réaction inadéquate de l'employé face à une stimulation extérieure. Cette réaction inadéquate crée à son tour une stimulation intérieure (stress) à laquelle il devrait répondre de façon automatique en laissant aller sa colère et en la vivant pleinement, seul, afin de pouvoir ensuite rencontrer son chef et lui dire calmement mais fermement qu'il ne tolérera plus ses agressions. Si l'employé ne s'autorise pas à vivre sa colère, alors les symptômes déjà induits par la première réaction augmenteront en fréquence et en intensité, et provoqueront plus ou moins rapidement des maladies plus graves, ou d'autres complications.

Pourtant, nous avons tous en nous une réponse adaptée à chaque situation et nous pouvons, par conséquent, faire face aux diverses stimulations de la vie. Mais lorsque nous ne respectons pas notre réaction naturelle et spontanée, nous provoquons en nous un malaise, et notre corps, par ce biais, vient nous dire que nous posons un geste faux par rapport à nous-mêmes.

Quelle est la partie de nous-mêmes qui bloque la réaction naturelle et innée ? Le mental, bien entendu ! Celui-ci vient s'opposer, annuler ou réduire au silence la partie qui ressent les événements et fait réagir avec ses « tripes ». Le mental va utiliser pour ce faire tous les arguments qui lui ont été apportés par l'éducation : la prétendue logique, la politesse, le respect du supérieur, l'intelligence de ne pas réagir, etc. Autant d'arguments qui créeront une tension, c'est-à-dire un ressenti perçu comme étant désagréable ou intolérable selon l'intensité, et qui est en réalité une preuve que ces arguments sont en totale opposition avec ce que notre être intérieur désire. Cette tension engendrera alors un mal-être et des symptômes, et notre corps nous avertira, vu qu'il est notre meilleur ami, que nous sommes en train de nous manquer de respect. Le juge de paix, c'est-à-dire notre corps, est toujours en éveil et aucun raisonnement ne le fera changer d'avis. Aussitôt que nous trahissons notre être intérieur, il sonne l'alarme et nous fait ressentir une tension, sous une forme ou sous une autre. Nous pouvons l'ignorer un moment, mais tôt ou tard, nous serons obligés de nous rendre à l'évidence que quelque chose ne va pas.

Le mental est toujours la cause des effets négatifs ressentis et vécus après une stimulation intérieure. Non seulement il bloque et s'oppose à notre essence, mais il nous enferme dans des attitudes rigides et cassantes, et nous conduit à penser dans le vide, car il se tournera davantage vers le passé ou l'avenir. Or, nous avons vu que seul le moment présent nous rend heureux et nous fait ressentir du bien-être. Le mental est par conséquent un ennemi, car il nous entraîne hors du présent et ne nous permet plus de ressentir. À partir de ce moment, nous ne pouvons plus garder le contact avec nous-mêmes et nous commençons à agir par rapport à l'autre, par rapport à des règles apprises, mais qui ne sont pas forcément les nôtres. C'est alors que notre corps se chargera de nous le rappeler en créant les effets négatifs du stress.

Afin d'illustrer ce phénomène, reprenons l'exemple de notre pauvre employé de bureau. Il ne répond pas aux agressions et n'en souffle pas mot, car il a peur de se faire renvoyer. Cette peur est engendrée par la pensée : « Si je réponds ce que j'ai envie de répondre à mon chef, je vais devoir quitter mon poste, auquel je tiens. » Cette pensée, issue de son mental (et non de son intuition !), bloque sa réaction naturelle. Le fait de ne pas lui laisser libre cours va engendrer une tension, très probablement un abattement ou une colère intérieure. Si son mental lui interdit d'exprimer sa colère (en dehors du bureau) sous des prétextes fallacieux du style « ça ne sert à rien, car ce n'est pas cela qui va changer la situation », une réponse inadéquate va se surajouter à la tension déjà existante chez l'employé.

Imaginons maintenant son état de santé. La dépression le guette et le mal-être est constant. Il est fatigué, constamment tendu et souffre de divers maux. Il consulte un médecin, qui lui donne des « antisymptômes » et lui recommande de se relaxer (!), puis lui dit qu'il ne devrait peut-être pas faire une montagne de tout cela, car il est beaucoup plus intéressant de vivre heureux que de s'attarder aux attaques d'un chef acariâtre ! Ses collègues et ses amis diront : « Son chef le stresse en l'agressant. Le pauvre fait ce qu'il peut pour ne pas en faire un plat, mais cela lui affecte le moral et mine sa santé ! » Est-ce la réalité ? Non, bien évidemment ! La réalité est tout autre, car en fait l'employé est bloqué par son mental, qui lui interdit de vivre ce qu'il ressent : la colère et l'envie de dire au chef d'arrêter son harcèlement. Il est sa propre victime !

Nous sommes donc partis d'une stimulation extérieure (l'agression verbale du chef) à laquelle l'employé n'a pas répondu de façon adéquate, bloqué en cela par son mental, ce qui engendre un mal-être profond, c'est-à-dire une stimulation intérieure. Tant que l'employé n'aura pas compris que sa réaction inadéquate est à la base de son propre mal-être et qu'il est le seul à pouvoir s'en sortir en refusant de suivre son mental, en revenant à son ressenti profond (et par consé-

Les tremblements intérieurs

quent à ses envies) et au moment présent, il continuera à vivre mal les agressions et il peut être certain qu'elles se multiplieront. Le chef, lui, sentira qu'il a en face de lui quelqu'un qui ne se respecte pas, et pourra ainsi en profiter, jusqu'à ce qu'il se rende compte du contraire !

Nous avons vu que nous sommes parfaitement adaptés pour faire face à tous les types de stimulations extérieures et intérieures, et que notre plus grand ennemi est notre mental, notre pensée. Dès que nous nous mettons à penser dans le vide, que nous tentons de sortir du présent, notre corps nous en avertit en créant une tension. Si nous ne sommes pas à l'écoute de notre corps, nous allons ajouter de nouvelles tensions. Ce « stress » est celui que nous ajoutons aux événements extérieurs de la vie, mais que nous ne pouvons éviter. La vie de tous les jours apporte son lot de stimulations qu'il est inutile de fuir, car tôt ou tard nous devrons les affronter, mais souvenons-nous que nous sommes parfaitement équipés pour faire face à cet affrontement !

Prenons l'exemple d'un conducteur, même inexpérimenté, dont la voiture glisse sur une plaque de glace : automatiquement, il aura le bon réflexe et tournera le volant dans le bon sens. Par contre, dès qu'il va « réaliser » (c'est-à-dire penser) que sa voiture va dans le sens opposé, il tournera sans doute le volant dans l'autre sens et cela provoquera à coup sûr un accident ! Une personne qui ne supporte pas la vue du sang s'occupera parfaitement de son enfant blessé jusqu'au moment où, une fois les gestes automatiques exécutés, qui soignent ou sauvent, il se mettra à penser et s'évanouira. Nous voyons que le premier réflexe est toujours le bon, car la stimulation déclenche toujours d'elle-même une réaction adéquate. Si une stimulation intérieure s'ajoute par le biais de la pensée dans le vide de notre mental, nous créerons de toutes pièces une série de réactions négatives. Ce type de stress est celui qu'il nous faut minimiser à tout prix, jusqu'à l'éliminer de notre vie. Cela ne peut se réaliser que d'une seule manière : rester dans le moment présent, le vivre totalement, c'est-à-dire avec nos sens, nos envies, en restant en contact avec notre noyau fondamental, et non avec notre cerveau !

Chapitre 5

La nourriture, source d'énergie

Manger est vital et il ne viendrait à l'esprit de personne de s'en passer. Il est vrai que beaucoup de gens mangent uniquement pour se nourrir et que la race des gourmets, ceux qui aiment manger et savent déguster, est en voie de disparaître ou de passer pour du snobisme.

La question la plus fréquemment posée au personnel de santé concerne le choix des aliments : soit parce que l'on désire maigrir ou grossir, soit pour se faire du bien quand on est malade. Il faut souligner que ces questions déroutent les médecins durant leurs premières années de pratique. D'une part, ils n'ont jamais étudié ce problème important, car il ne fait pas partie du cursus universitaire ; d'autre part, s'ils se penchent sur la documentation existante, ils y perdent très vite leur latin ! En effet, au cours des dernières décennies, tout et n'importe quoi a été écrit sur ce sujet !

L'homme occidental se trouve confronté à son plus gros problème : tout étant système, selon la fameuse théorie de Newton, la nutrition est un système et est étudiée spécifiquement par des nutritionnistes, des techniciens en nutrition et des médecins spécialistes. De nouveau, cette approche doit être réévaluée, car avec un peu d'honnêteté intellectuelle n'importe quel technicien en comprendra les limites. La nourriture touche à tous les domaines de la santé, et si le technicien veut devenir vraiment compétent, il devra parfaire sa formation en devenant spécialiste dans toutes les branches de la santé, puis redevenir généraliste, au sens le plus large du terme.

En admettant même qu'il le fasse, il se heurterait très rapidement à un nouvel échec : les notions systémiques d'apports en calories (aminoacides, vitamines, oligo-éléments, lipides, protides, glucides) ont toutes été étudiées, proposées et étaient toutes censées résoudre la plupart des problèmes de poids et de santé. Or, aucune de ces notions n'a, à elle seule, résolu quoi que ce soit. Même en faisant abstraction de l'argent et de l'énergie perdus par de trop nombreuses personnes, cette approche compartimentée et systémique inspire une colère certaine. Comment se fait-il que des gens s'investissant du titre de scientifique se trompent aussi souvent, ne font jamais amende honorable et continuent à asséner des contrevérités ou des vérités partielles, qu'ils déclarent être globales ? Pourquoi ne pas aborder le même problème d'une façon générale et non systémique ?

Au lieu de placer l'homme au centre du monde, essayons de le voir comme une infime partie du monde. Prenons conscience que le fruit, le légume sont aussi des êtres vivants : ils naissent, vivent, meurent ; ils sont composés de matière vivante et d'eau, et ils peuvent eux aussi développer des maladies. En les disséquant comme on l'a fait avec l'être humain, on peut les décomposer en différents systèmes : les fibres, les vitamines, les oligo-éléments et d'autres sous-systèmes. Pourquoi l'homme, depuis la nuit des temps, s'est-il contenté de manger ces fruits ou ces légumes en sachant parfaitement au fond de lui-même qu'ils allaient le nourrir et lui faire du bien ? Les a-t-il mangés parce qu'ils contenaient des systèmes enzymatiques complexes ou bien parce qu'il savait que tel fruit ou tel légume lui apporterait tout ce qu'il faut pour vivre et se nourrir ? Cette nourriture, qui permet à l'être humain de survivre, de vivre, de faire le plein d'énergie et de se dépenser, tant physiquement que mentalement ou spirituellement, est-elle un ensemble de systèmes ou tout simplement une source d'énergie ?

Toute mère de famille, de façon naturelle, dira que « la nourriture apporte à [son] enfant l'énergie dont il a besoin pour vivre » ! Il est instructif de savoir de quoi cette énergie est composée, mais il ne faut pas perdre de vue l'essentiel : la nourriture est de l'énergie vitale pour l'homme.

Le principe de synergie

Le fait que la nourriture soit de l'énergie implique que celle-ci est transmise à l'être humain lorsqu'il l'ingère. L'énergie de l'aliment entrera en vibration, positive ou négative, avec lui. Cela peut créer une synergie si la nourriture entre en vibrations positives, d'où un regain d'énergie, une plénitude. À l'inverse, si la nourriture entre en vibrations négatives, elle entraînera une baisse d'énergie, de la fatigue. Si les énergies sont totalement opposées, cela pourra provoquer un rejet (vomissements, diarrhée) ou une intoxication.

L'énergie de l'aliment est différente non seulement selon les divers types de nourriture, mais aussi selon ses formes, sa façon de pousser, les terrains sur lesquels elle pousse, les conditions climatiques et, bien entendu, les engrais... chimiques. Ainsi, de nouveau, comme pour tout être vivant, si des généralités peuvent être édictées, il n'en reste pas moins qu'une immense différence existe, en terme d'énergie, entre, par exemple, une carotte d'Afrique et une carotte de Suisse. La quantification de l'énergie sera très différente, de même que sa qualité. Une vague idée ou estimation pourrait se faire en dosant les minéraux contenus dans ces deux carottes, mais même ce dosage ne nous fournirait qu'un embryon d'information. Ainsi, toutes les classifications faites par l'homme afin de fournir de l'information sur ce qu'il faut manger ou non sont très imprécises et sans grand intérêt ! Cela est d'autant plus vrai que le corps humain a un immense pouvoir d'autorégulation : il prend ce dont il a besoin et rejette ce qui lui est inutile.

Ce phénomène d'autorégulation explique pourquoi la nourriture fraîche et complète est toujours mieux absorbée et tolérée que les extraits de un ou de plusieurs de ses composants. Ce qui est valable pour les médicaments, qui pour la plupart caricaturent la nature ou sont issus d'un extrait de plante, l'est aussi pour la nourriture. Tout ce qui compartimentera le Tout n'aura jamais l'effet du Tout, car le Tout est le résultat d'une croissance qui dépend de multiples facteurs externes et internes. Ceux-ci créeront, à la maturité du fruit ou du légume, une énergie globale plus grande et de bien meilleure qualité que l'énergie issue d'un seul des composants de la plante.

Le phénomène de synergie est important à comprendre. Pour simplifier, on peut le décrire de la façon suivante : lorsque deux énergies se rencontrent et qu'elles sont complémentaires, ou non opposées, elles se rendront plus puissantes l'une l'autre et il en résultera une énergie plus grande que la somme des deux réunies.

Pour illustrer ce phénomène, prenons un exemple. Une pomme, ayant une énergie x, transmettra cette énergie à l'homme qui la mange ; celle-ci entrera en vibration positive avec l'énergie de l'être qui la déguste et lui apportera un plus. Ce dernier, s'il mange plusieurs pommes du même type et de la même provenance, recevra une quantité et une qualité d'énergie égale à la somme des énergies x, que nous pouvons appeler y. Dans le cas où notre homme mangerait deux autres fruits, par exemple une banane ayant une énergie z et une poire ayant une énergie w, la somme des énergies de la pomme + banane + poire ($x + z + w$) sera plus grande que l'énergie y. La synergie des différents fruits cités plus haut permettra l'élaboration d'une énergie de meilleure qualité que celle produite par notre homme s'il ne mangeait qu'un seul type de fruit. Ce phénomène est essentiel pour comprendre non seulement comment l'on doit se nourrir, mais également que la qualité de l'énergie transmise est capitale par rapport à la quantité d'aliments ingérés. La diversité dans la nutrition est un des fondements de la bonne alimentation ; il est par conséquent regrettable que les notions de calories et de grammes soient trop souvent encore à la base des différents régimes proposés sur le marché.

La nourriture est une source d'énergie pour le corps humain, et si elle entre en synergie avec lui, elle lui permettra de remplir ses fonctions vitales et secondaires. Il est donc très important de diversifier son alimentation.

À l'écoute de la nature

La nature ne dissimule pas, ni ne manifeste, elle indique à celui qui veut la déchiffrer tous les secrets qu'elle recèle[4].

PARACELSE

Si l'on observe la nature, ce qui est rare en milieu urbain, force est de constater que le rythme des saisons détermine les types de fruits et de légumes à notre disposition. Si l'on observe les étalages des fruits et légumes dans nos supermarchés, on constate que les bananes et les pommes sont disponibles à longueur d'année. Or, une fraise, par exemple, est un fruit de fin de printemps (juin), et non d'hiver. Qu'est-ce que cela signifie et implique sur le plan nutritionnel ? La fraise est mûre à la fin du printemps. Le fraisier a été planté en automne. Son énergie a été concentrée sur une période de l'année pendant laquelle l'énergie est principalement dans la terre (hiver), avec une concentration maximale d'énergie yin (eau). Au fur et à mesure que le printemps avance, cette énergie se transformera en énergie yang pendant la pousse des fleurs et enfin à l'apparition du fruit. Le printemps véhicule une énergie de mise en mouvement et amène le fruit à maturité. Que va fournir la fraise mûre au corps qui l'ingère en début d'été, période correspondant à une énergie maximale yang, c'est-à-dire le feu pour la médecine chinoise traditionnelle ? Une énergie d'eau, principalement, ce qui est excellent, car selon le principe des énergies, l'eau éteint le feu, c'est-à-dire l'énergie externe de l'été, qui se trouvera équilibrée par l'énergie contenue dans la fraise mûre. Cela permet d'équilibrer les énergies du corps et ainsi de préserver un équilibre salutaire à la santé. Si la fraise est consommée en plein hiver, les bienfaits de l'apport d'une énergie correspondant exactement à l'énergie extérieure du moment ne seront plus du tout les mêmes, risquant même d'entraîner un déséquilibre énergétique. Certaines variétés de fraises, dites « remontantes », sont mûres en août et n'apporteront pas à notre corps la même énergie que celles cueillies à la fin de juin. Enfin, soyons conscients que les fraises cultivées en serres n'ont plus du tout les mêmes caractéristiques que les fraises naturelles. En effet, les fraises cultivées artificiellement véhiculent des énergies différentes et de moindre qualité. Elles contiennent beaucoup d'eau, qui n'est absolument pas le cas de celles dont nous parlions précédemment : elle n'est en fait qu'eau, et non énergie ! Il est donc important de respecter le rythme saisonnier de la nature dans notre alimentation.

Les dates auxquelles les fruits et les légumes sont semés et récoltés nous fournissent aussi des renseignements très utiles sur la qualité d'énergie transmise au corps humain. Prenons encore un exemple. La carotte est semée en juin dans les pays européens et récoltée en octobre ; elle véhiculera par conséquent une énergie de mise en mouvement (printemps), d'expansion (été), puis d'intériorisation ou de mise au repos (automne). Elle arrive à pleine maturité lors de cette phase de mise en dormance qu'est l'automne, ce qui revient à dire qu'elle va principalement transférer à l'homme ce type d'énergie.

Il est intéressant de noter que, si l'on étudie les qualités et les potentialités telles que définies par la médecine tibétaine, par exemple, c'est-à-dire « tout ce qui, à la fois, caractérise un ingrédient lui-même ainsi que ce qu'il libère de puissant et d'actif pour l'homme, afin de le nourrir, de le soigner ou de modifier certains états de déséquilibres morbides[5] », la carotte est recommandée pour équilibrer l'énergie Badkan. Ce type d'énergie est l'usine énergétique du corps humain et préside aux fonctions anabolisantes qui favorisent la construction et la maintenance des forces énergétiques. L'on comprend alors toute la valeur de la carotte lorsqu'elle est consommée de façon saisonnière, à la fin de l'automne et en hiver ! Plus intéressant encore, notons que si, à maturité, la carotte peut être classée dans les aliments transportant une énergie d'intériorisation, elle contient néanmoins en elle les autres énergies, en des proportions moindres, certes, mais transmet tout de même une énergie assez diversifiée et complète.

L'énergie transmise par les fruits et les légumes dépend du nombre de saisons pendant lesquelles ces derniers ont poussé. Plus le nombre de saisons est élevé, plus leur énergie sera complexe, bien que la saison pendant laquelle ils parviennent à maturité soit la plus déterminante. Prenons l'exemple de deux légumes appartenant à la même famille : la courgette, longue, cueillie à la fin de juin et au cours de l'été, et la courge, ronde, cueillie en octobre. Ces deux légumes ne contiennent pas la même énergie, alors qu'ils fleurissent à la même époque. La courgette transmet une énergie très légère, vivifiante, pointue et ne reflétant qu'une saison, alors que la courge transmet une énergie beaucoup plus complexe, pleine et ronde en quelque sorte. Ces deux légumes diffèrent l'un de l'autre mais sont parfaitement adaptés à ce dont nous avons besoin : l'eau pendant l'été (car l'eau éteint le feu, selon les principes de l'énergétique chinoise) et le feu/métal pendant l'hiver. L'énergie transmise par l'amande et la noix, respectivement récoltées en juin et en octobre, est différente aussi pour les mêmes raisons, et l'on pourrait multiplier les exemples.

Certains fruits sont consommés dans nos régions principalement en hiver, période pendant laquelle peu de fruits sont disponibles, mais poussent dans d'autres contrées, tels les bananes, les oranges, les ananas. Que dire de ces fruits sur le plan énergétique ? Leur apport n'est pas inintéressant, à la condition que ces fruits soient cueillis mûrs et n'aient pas voyagé dans des conteneurs pendant de nombreuses semaines, ce qui est d'ailleurs fort peu probable ! Quant aux fruits séchés, tels que les raisins, les abricots et les pruneaux, ils transfèrent la même énergie que les mêmes fruits frais, mais plus concentrée, car l'eau est évaporée par le procédé de dessiccation auquel ils sont soumis. Ces fruits sont appréciés des sportifs, car ils contiennent beaucoup de sucres naturels concentrés. Néanmoins, les consommer à n'importe quelle période de l'année, indépendamment de la saison à laquelle ils sont cueillis, me semble très peu judicieux, pour les mêmes raisons que celles énoncées plus haut.

La forme du fruit ou du légume est aussi très révélatrice de ce qu'il peut apporter au corps. Cette forme est à l'image même du type d'énergie que la plante transporte avec elle. La carotte, par exemple, nous fournit par sa forme des renseignements très intéressants sur son apport énergétique. La plante, lors de sa croissance, est composée de fleurs blanches ou rosées, de 30 à 40 rayons qui captent l'énergie afin de la transmettre à la fleur centrale, la racine (que l'on mange), et au reste de la plante. Une fois les graines arrivées à maturité, l'ombelle, sorte de petit parasol, se referme sur elle-même. Cette façon de croître et d'arriver à maturité illustre bien le type d'énergie transmise par la carotte : une énergie centripète, c'est-à-dire irradiant vers le centre.

La forme d'une pomme de terre est très différente, beaucoup plus évasée que la carotte ; elle est plus massive, et ronde. La plante, lors de sa croissance, est aussi moins dentelée que celle de la carotte, plus grossière, moins refermée sur elle-même lors de la maturité. La pomme de terre apporte une énergie très différente, beaucoup plus centrifuge et ouverte que celle transmise par la carotte, malgré le fait que les deux légumes sont des tubercules et poussent dans la terre.

Ainsi, l'infinie diversité des formes trouvées dans la nature confère des énergies spécifiques. Elles sont le résultat ou l'aboutissement d'un processus excessivement complexe, d'interactions entre les diverses énergies présentes : Terre, Eau, Soleil, Lune, pour ne citer que les plus importantes. Les formes sont le résultat visible de tout un processus de croissance faisant intervenir des forces importantes, cachées et diverses. Faire l'analogie avec le phénotype (l'aspect extérieur) de l'être humain serait bien entendu très tentant, et c'est d'ailleurs le type de relations que cherche à établir la physiognomonie, science qui s'efforce de connaître le caractère d'une personne d'après sa physionomie.

Paracelse, célèbre médecin suisse du XVe siècle, a beaucoup écrit sur les signes que la nature donne à travers ses formes. Cet « art des signatures » est essentiel, selon lui, si l'homme désire comprendre le monde qui l'entoure et dont il fait partie. Selon sa théorie, la nature et le monde présentent des similitudes (*similitudo*) qui permettent à l'homme ouvert et attentif de comprendre ce que les formes, les interactions entre les plantes, le monde minéral et le cosmos signifient sur le plan énergétique. Cette lecture permet de déchiffrer le monde et, par exemple, ce que tel fruit ou tel légume peut nous transmettre comme information tant énergétique que philosophique. Mais encore faut-il savoir lire, et cet art est éminemment difficile à acquérir, étant donné la nature transitive et dynamique de tout être vivant.

La nourriture, source d'énergie

On peut multiplier les exemples et chaque fois se trouvera vérifiée cette extraordinaire complexité de la nature. Les Orientaux ont depuis longtemps intégré la nourriture comme étant l'un des piliers de leur vie et, par conséquent, de la médecine. Il suffit de se référer à la médecine chinoise, tibétaine ou indienne pour comprendre que leur façon d'aborder la santé laisse une grande part à cette notion d'énergie, qui est capitale.

Plusieurs autres qualités de la nourriture sont importantes à considérer : froide, chaude, douce, salée, aigre, piquante, etc.

Il est important de comprendre que ces caractéristiques interviendront dans la définition de l'interaction entre le corps receveur d'énergie et l'aliment porteur d'énergie. Ce type d'énergie sera très différent selon qu'il s'agit, par exemple, d'une nourriture froide ou chaude. L'interaction peut être positive ou négative. Un être pléthorique, sanguin, qui, en été, en pleine chaleur (qu'il a déjà tendance à très mal supporter), mange une nourriture solide, chaude et salée, potentialisera l'excès existant déjà en lui. Le résultat risque de créer une plus grande pléthore et dès lors de précipiter des réactions cardiaques dites « de surcharge », telles qu'un malaise cardiaque. Ce n'est qu'un exemple, mais il faut bien comprendre qu'à travers la qualité d'énergie transmise par la nourriture, le corps bénéficiera de la nourriture ingérée ou, au contraire, en souffrira.

Le fait de manger selon le rythme saisonnier de la nature, de prendre conscience que cette nourriture est de l'énergie bénéfique libérée par des formes naturelles vivantes, débouche forcément sur le principe de base qui me semble le plus important : l'amour et le respect de la nourriture. Ce principe essentiel est au cœur d'une nutrition équilibrée. L'amour de ce qui est ingéré rejoint bien évidemment l'amour que l'on se doit à soi-même pour se respecter. Si quelqu'un mange sans se soucier de ce qu'il a dans son assiette, cela signifie qu'il ne prête aucun intérêt à sa propre personne, qu'il ne s'accorde pas le temps de vivre. Son corps le lui signifiera par une digestion lente et difficile, par des ballonnements intestinaux ou de la somnolence.

L'homme pollueur

La nourriture vendue actuellement dans les supermarchés et les autres magasins est malheureusement de plus en plus dénaturée. Les fruits et les légumes poussent sur des sols de plus en plus appauvris en sels minéraux, dont notre corps tire les vitamines et les oligo-éléments, par les pluies acides, l'usage des pesticides, des engrais et d'autres substances chimiques. De plus, on cueille ces fruits et ces légumes pendant qu'ils sont verts, car ils doivent voyager dans des conteneurs frigorifiques afin de pouvoir être vendus « mûrs ». Cela revient à dire qu'ils ne présentent plus la quantité et la qualité d'énergie qu'ils devraient contenir si on les avait laissés pousser et mûrir jusqu'à ce que leur consommation soit possible. Même si l'homme pense à manger des fruits et des légumes sur une base quotidienne, la nourriture que nous consommons d'ordinaire est pauvre en substances nutritives de qualité et comporte des risques d'allergies provoquées par les substances chimiques utilisées.

La question des pesticides employés par les agriculteurs est très préoccupante. Les herbicides tels que le lindane, couramment employé, sont des substances dangereuses du même type que le DDT. Aussi néfastes sont les différents pesticides aux noms peu connus du grand public et employés à outrance : aminotriazole, durion, atrazine (herbicide du maïs), isoproturon (herbicide des céréales), simazine (herbicide de la vigne, cultures fruitières), etc. Ces pesticides et ces herbicides passent dans les sols pour atteindre les sources d'eau, les rivières et les fleuves. L'eau de consommation doit à son tour être traitée avec du charbon actif ou de l'ozone, afin que les teneurs en pesticides ne soient pas plus grandes que 0,1 microgramme/litre d'eau destinée à la consommation, selon les normes européennes actuelles.

Le problème se complique, car le traitement de ces eaux avec l'ozone et le peroxyde d'hydrogène, par exemple, décompose les substances toxiques en dérivés encore plus toxiques. Du reste, ces dérivés ne sont pas analysés, car ils ne sont pas répertoriés dans les textes de lois qui protègent les consommateurs, ce qui ne fait que déplacer le problème! Les très fortes concentrations de nitrates, résidus des engrais azotés, constituent aussi un grave problème de santé publique : la concentration tolérée par les textes légaux en vigueur est de 50 mg/l. Ces excès ont entraîné la fermeture de très nombreux captages d'eau dans le monde. Une enquête récente[6] faite en France — pays qui a consommé, en 1997, 95 000 tonnes de pesticides! — a démontré que, malgré les traitements en cours, neuf dixièmes des échantillons étudiés sont hors norme, c'est-à-dire que neuf dixièmes de l'eau distribuée pour la consommation sont trop chargés en pesticides et en substances toxiques, ce qui provoque des effets désastreux sur le système nerveux de l'être humain !

La médecine et les personnes en charge des programmes nutritionnels ont l'habitude de recommander la consommation de quatre fruits et de quatre légumes différents chaque jour. Cette diversité est indispensable, car le corps recevra ainsi la quantité diverse de sels minéraux dont il aura besoin pour extraire à son tour les matières premières nécessaires à la vie et faire face aux stress de la journée, par exemple. Si la règle est bonne, il est toutefois difficile de l'appliquer en raison du coût de tels achats et du peu de temps libre à notre disposition. De plus, au vu de ce qui précède, la teneur en sels minéraux, malgré cette diversité, sera très pauvre malgré tout. Constatation quelque peu déprimante, mais malheureusement réaliste!

Le grand public a découvert dernièrement que des vaches avaient été nourries avec des extraits de viande, alors qu'elles sont herbivores, et ce, en entraînant des effets tragiques sur leur santé (maladie de la vache folle). Les mesures prises par les autorités visaient tout simplement à abattre des milliers de bêtes, tout en répétant à haute et intelligible voix que l'être humain ne risquait rien. On sait maintenant qu'il n'en est rien, qu'une forme d'encéphalopathie mortelle peut survenir à la suite de l'ingestion de certains organes des bovidés. Les études scientifiques sont en cours, mais, hormis le fait qu'il faudra du temps avant de prendre la vraie mesure de la catastrophe, que sait-on des mesures prises pour s'assurer que de tels événements ne se reproduisent plus... au nom de la rentabilité?

On commence à parler d'élevage de poissons où on aurait utilisé les mêmes produits ou des produits similaires, et l'on pourrait, semble-t-il, multiplier les exemples. La chaîne alimentaire est en grand danger et des répercussions néfastes menacent le dernier maillon de cette chaîne : nous tous, hommes et femmes. Et cela fait peur ! Se rendre compte que l'homme, au nom de la seule productivité, prend consciemment le risque de rompre tout un équilibre naturel dans lequel il évolue est non seulement attristant, mais aussi révoltant. Nous ne parlons même pas du phénomène bien connu des hormones utilisées dans l'élevage de certains animaux (veaux et poulets, par exemple) et de ce que l'on va découvrir ou que l'on découvre déjà sur les élevages des poissons et des autres animaux de la chaîne alimentaire animale. Si l'on met ce qui se passe dans la chaîne alimentaire animale en relation avec ce qui a été dit précédemment sur la dépréciation de la chaîne alimentaire végétale, on en vient à se demander ce qui reste à l'homme s'il désire se nourrir avec des aliments végétaux et animaux de bonne qualité, c'est-à-dire les plus naturels possible.

Les suppléments alimentaires

Faut-il ajouter alors à sa nourriture quotidienne, même si elle est bien planifiée, des suppléments alimentaires qui remédieraient aux problèmes cités ci-dessus ? La réponse souhaitable serait de dire non, mais au vu de la réalité actuelle des sociétés dans lesquelles nous vivons, la réponse est oui. En effet, il est capital que l'homme reçoive de façon quotidienne et régulière une qualité et une quantité d'énergie suffisante, de sorte qu'il puisse faire face à ses tâches et aux stress liés à sa vie professionnelle, familiale, scolaire, etc.

Les aliments de qualité étant très difficiles à trouver dans le commerce, quoiqu'une tendance inverse se dessine, nous devons compléter notre alimentation à l'aide de suppléments. Ceux-ci devraient être composés de fruits, de légumes et, si possible, d'oléagineux soigneusement choisis, naturels, mûrs (et non verts !), dans le respect des cycles saisonniers, comme nous l'avons exposé précédemment. De plus, ces suppléments alimentaires naturels devraient être très facilement assimilables, afin de ne pas surcharger l'organisme ni, surtout, la digestion.

Ces suppléments, faciles à se procurer, sont tous absorbables par voie orale. La voie traditionnelle (bouche, estomac, duodénum, jéjunum, foie) a des limitations importantes, car elle est très facilement atteinte par toutes sortes de maladies (troubles gastro-intestinaux divers, maladies ou faiblesse hépatique et pancréatique) et par l'âge, les intestins des personnes âgées ayant une capacité d'absorption intestinale réduite. Ces troubles entraînent une réduction plus ou moins importante de l'assimilation des compléments ou des suppléments alimentaires, ce qui limite considérablement leur efficacité réelle ou supposée.

Il est donc souhaitable de passer par une autre voie, beaucoup plus sûre, qui permet de prendre des doses très légères et diluées. Elle ne surcharge pas l'organisme par un surplus de travail et permet une assimilation très rapide et une excellente distribution à travers le corps : environ 95 p. 100 est assimilé en quelques secondes. Cette voie, bien connue, s'appelle la voie sublinguale. Les substances sont placées sous la langue et sont directement distribuées dans le sang, en court-circuitant tout le parcours digestif. De plus, elle permet de travailler avec des doses minimes mais optimales, sans créer de problèmes ou d'effets secondaires. Elle convient à tous, des plus jeunes enfants aux personnes âgées ayant des problèmes de digestion ou de dentition.

Une classe entièrement nouvelle de suppléments alimentaires doit être créée afin de remplir les critères de la nourriture/énergie. Ces suppléments doivent respecter la nature et l'homme qui les ingère, ne pas être une surcharge pour l'organisme, mais une aide pour mieux vivre. Ils doivent, d'une part, suppléer aux manques qualitatifs existant dans notre nourriture quotidienne et, d'autre part, apporter à celui qui les prend de façon régulière l'énergie que la nature (non polluée !) recèle et est prête à donner.

De tels suppléments seront bientôt disponibles sur le marché et devraient représenter une partie importante de la nourriture au début du XXIe siècle, en attendant que la prise de conscience des consommateurs permette d'exiger des producteurs et des distributeurs une qualité d'énergie suffisante contenue dans les fruits, les légumes et les autres aliments qu'ils mettent sur le marché.

Le retour au bon sens terrien

Par sa forme, son contenu, sa richesse et son énergie, la nourriture est un élément essentiel au maintien de la santé. Les systèmes de santé des sociétés orientales l'ont bien compris et l'ont mis en pratique. La nourriture et la façon de se nourrir font partie des « médecines » chinoise, indienne et tibétaine, pour ne nommer que les plus importantes. Toute pharmacie chinoise est en même temps une sorte de restaurant dans lequel sont servis les mets qui soulageront les souffrances ou les symptômes et, surtout, leurs causes. Tel mets sera prescrit par le médecin traditionnel pour ses qualités (douceur, chaleur, acidité, salinité, etc.), mais aussi pour les potentialités (fraîcheur, légèreté, lourdeur) qui définiront ses effets, eux-mêmes variables selon l'état énergétique du patient. Cela semble très complexe, mais l'est en réalité beaucoup moins lorsque la vision de départ est globale, tant sur le plan de l'alimentation que sur celui de l'homme, qui, tous deux, font partie de l'univers.

Cette façon de concevoir est évidemment fort différente de la vision figée, pondérale et compartimentée de l'Occident ! L'homme occidental nouveau ne peut plus concevoir la nourriture comme une simple façon de se remplir le corps. Il sait au fond de lui-même que la nourriture est importante et qu'elle peut lui faire beaucoup de bien ou... beaucoup de mal. Mais lorsque les notions d'énergie et de qualité sont abordées, un grand silence s'établit. Certes, on a beaucoup parlé de calories, mais cette vision, comme on l'a déjà démontré, est fort incomplète et se rapporte une fois encore à la quantité, et non à la qualité de l'énergie. Les notions très étriquées de protéines, de glucides et de lipides ne permettent pas d'établir l'interaction des aliments avec le corps.

Quel système proposer dans une telle situation ? Faut-il adopter totalement et pleinement la vision orientale de l'alimentation ?

La nourriture, source d'énergie

Faut-il adopter un système ou un régime draconien comme il en existe de multiples : végétarien, végétalien, macrobiotique, etc. ? Certains se rapprochent de la vision globale, tel que le régime du Dr Catherine Kousmine, fort décrié du reste par le milieu médical à ses débuts, mais n'intègrent pas totalement la notion énergétique qualitative, même si cette dernière façon de se nourrir part aussi du principe que la nourriture est essentielle au maintien d'un bon état de santé et participe aux divers processus de guérison d'une maladie.

D'autres systèmes ont été décrits, tels que le régime crétois, basé sur les vertus, redécouvertes, de l'huile d'olive pressée à froid et la consommation de produits du terroir contenant de multiples facteurs antioxydants bénéfiques. Ces approches sont très intéressantes, car elles avancent dans la bonne direction, c'est-à-dire de retrouver dans notre façon de nous nourrir ce que les dernières générations ont perdu, à savoir la connaissance ancestrale de la qualité des produits naturels du terroir et de leur utilisation dans notre vie quotidienne.

Mais un Allemand et un Crétois ne vivent pas dans les mêmes environnements, n'ont pas les mêmes goûts ni les mêmes besoins énergétiques. Cela signifie que leur alimentation devra être différente. Prenons l'exemple du lait de vache. Pendant des années, l'Europe, qui en produisait beaucoup, a vanté les bienfaits du lait et de ses produits dérivés : beurre, crème, fromage. Sans lait, l'ostéoporose menaçait l'homme vieillissant, les enfants ne pouvaient pas grandir normalement... Étendant ce concept à l'ensemble du globe, le lait en poudre a été exporté et distribué chez des peuples qui ne connaissaient pas ce produit. On s'est rendu compte après quelques années que son ingestion provoquait des diarrhées très graves chez certains individus, car ceux-ci ne possédaient pas l'enzyme responsable de la dégradation du lait : la lactase ! De plus, des problèmes de stérilisation des biberons aggravaient les diarrhées jusqu'à provoquer le décès d'enfants que l'on désirait aider. Cet exemple est l'illustration typique, presque caricaturale, de ce qu'il faut absolument ne pas faire : introduire, au nom d'études scientifiques douteuses, des aliments nouveaux dans des régions où l'aliment en question n'a jamais été cultivé ou mangé par les habitants. Certes, l'huile d'olive est excellente pour la santé des personnes vivant sur le pourtour de la Méditerranée, mais qu'en est-il des peuples du nord de l'Europe, plus habitués à consommer de l'huile de poisson ? Les deux huiles sont excellentes pour la santé, abaissent les risques de maladies cardiaques, mais faut-il, au nom des bienfaits de celles-ci, les faire consommer à l'ensemble de la planète ? Oui, en termes commerciaux ; non, en terme de santé !

L'homme occidental doit se prémunir contre deux grands dangers : d'une part, essayer d'intégrer un système de référence qui n'appartient pas à son monde et, d'autre part, ne raisonner qu'en termes quantitatifs et pondéraux. Il est vrai que tout est énergie et que l'homme appartient au monde vivant, et n'en est qu'une partie. Il est tout aussi vrai de reconnaître que la vision orientale dépasse, encore actuellement, celle de l'homme occidental. À quoi bon, alors, recommander de se nourrir selon une vision totalement étrangère à notre mode de vie, notre philosophie et notre éducation.

D'un autre côté, il est juste de prétendre que la nourriture proposée est trop souvent dénaturée et de conseiller aux gens de consommer exclusivement des produits biologiques. Encore faut-il définir ce que l'on entend par « biologique » et rendre ces produits plus accessibles. Doit-on se ruer sur des régimes totalement dénués de saine logique, tels que les cures de raisins, la suppression de produits laitiers dans les endroits où le bétail existe, ou de toute source de sucres et de graisses ? Bien entendu que non !

La règle principale, à mes yeux, est de garder son bon sens terrien. La nourriture est essentielle pour préserver son capital santé, s'aider à guérir d'une maladie ou se remettre en forme. Elle est une matière vivante et contient de l'énergie qui correspond ou non avec celle de l'organisme qui l'absorbe. Gardons bien à l'esprit cette interaction ! Cette énergie est définie par la forme, la couleur, la saveur, le goût et le contenu de l'aliment ingéré. En cela elle doit être respectée. À partir du moment où chacun tient compte de ses goûts et de son bon sens dans le choix de sa nourriture, il est à même de choisir, de façon très bénéfique pour lui-même, celle qui lui apportera ce qu'il désire et qui, par conséquent, sera favorable à sa santé.

Aucun être censé ne choisira, par exemple, de ne manger que du raisin pendant quelques semaines ! Un homme qui mange beaucoup de pommes de terre en consommera beaucoup moins en été qu'en hiver. Reste que certaines personnes, intoxiquées ou malades, feront des choix faussés et négatifs. Faut-il pour autant les contraindre à manger différemment ? Et surtout, cela va-t-il se révéler payant ? Bien évidemment que non ! Faut-il alors leur faire suivre un cours de nutrition tout en leur réapprenant à s'aimer et à se respecter, de manière à ce qu'ils apprennent à respecter l'environnement et la nourriture ? L'expérience tranche en faveur de la deuxième proposition et confirme encore une fois la thèse de la globalité. Une jeune fille souffrant d'anorexie et ne mangeant plus que du pain et du sel, par exemple, peut suivre (ou plutôt être astreinte à suivre) tous les cours de nutrition sans pour autant changer quoi que ce soit dans sa façon de se nourrir. Seule une thérapie lui réapprenant à s'aimer l'amènera par la suite ou dans le même temps à mieux se nourrir.

À l'heure où les canons de la beauté, définis par les couturiers et les modélistes, consacrent la femme anorexique, il est bien entendu difficile de convaincre les femmes, et notamment les adolescentes, que la nourriture est un cadeau de la nature, qui a bien fait les choses en nous offrant tout pour vivre en bonne santé. Notre état de santé dépendra, comme nous l'avons vu, de l'équilibre entre l'énergie du corps et celle apportée par la nourriture. Tout déséquilibre amènera des troubles. La boulimie et l'anorexie mentale font partie du cortège de symptômes dus à ce déséquilibre. Sur le plan strictement énergétique, la nourriture ingérée par une boulimique sera totalement déséquilibrée : quantités excessives, manque de variété, combinaisons alimentaires déficientes, *junk food*, etc. De même, la manière compulsive de manger entraînera une très mauvaise assimilation par le corps. Les énergies du corps mal en point et de la nourriture de mauvaise qualité ne seront pas en harmonie et la synergie ne se fera pas. Du même coup, le mal-être, au lieu de disparaître, sera renforcé et le cercle vicieux s'installera.

Les grands troubles nutritionnels : l'obésité, la boulimie et l'anorexie mentale

Plusieurs des troubles de l'être humain qui souffre se manifestent à travers la nutrition. Nous ne traiterons pas des troubles nutritionnels reliés à la famine, qui reste malheureusement un des grands fléaux de notre temps et entraîne des types de malnutrition tels le kwashiorkor et la dénutrition, tous deux provoquant très souvent la mort. Dans les sociétés ayant facilement accès à la nourriture, on rencontre trois grands troubles : l'obésité, la boulimie et l'anorexie mentale. L'obésité atteint actuellement aux États-Unis un adolescent sur cinq, touche un tiers de la population adulte et provoque indirectement le décès de 300 000 personnes chaque année (*voir* Shape Up America ! — www.shapeup.org).

Les campagnes de sensibilisation, les multiples régimes et les cliniques spécialisées jouent un rôle très utile, mais la tendance ne s'inverse pas, au contraire. En 1997, l'Organisation mondiale de la Santé (OMS) a déclaré l'obésité épidémie mondiale et les spécialistes estiment qu'elle deviendra bientôt la maladie la plus répandue dans le monde. En Europe occidentale, de 15 à 20 p. 100 des adultes sont considérés comme souffrant d'obésité, la palme revenant aux pays de l'ancien bloc de l'Est, avec un taux d'obésité d'environ 30 p. 100 chez les femmes ! Les études montrent une augmentation du nombre de personnes suralimentées dans les pays du Sud-Est asiatique, en Amérique du Sud et dans les Caraïbes. Même en Chine, l'épidémie augmente.

La science cherche frénétiquement une cause génétique à la maladie, mais jusqu'à maintenant les recherches n'ont débouché sur aucune conclusion en ce sens. Les médicaments ont tous des effets secondaires très importants qui les rendent difficiles à utiliser. La chirurgie a inventé des procédés pour réduire la capacité de l'estomac à recevoir la nourriture (ballonnets introduits dans l'estomac, bagues rétrécissant l'entrée de l'estomac !), puis des régimes, des crèmes et beaucoup d'autres moyens ont été utilisés avec un succès thérapeutique très limité. L'épidémie gagne du terrain et entraîne de multiples complications : hypertension, goutte, diabète, troubles cardio-vasculaires, cancer. Les coûts économiques sont excessivement importants : dans les pays occidentaux, de 3 à 8 p. 100 des dépenses totales liées à la santé sont engloutis dans la lutte contre les effets de l'obésité.

Quelles sont les causes de l'obésité ? Encore là, les avis divergent et la science n'a pas encore trouvé de réponse. La cause génétique est à l'étude et les causes purement nutritionnelles ainsi que le stress et le manque d'exercice physique sont incriminés, mais aucun facteur unique n'a pu être isolé. Il m'apparaît évident que rechercher une cause unique est un leurre, car l'homme est un tout et la science semble encore l'oublier — ou désire l'oublier — en persistant dans son approche fragmentaire.

La boulimie et l'anorexie mentale, qui sont des troubles comportementaux, touchent une très impressionnante proportion d'adolescentes et de jeunes femmes, et commencent aussi à atteindre une proportion significative d'hommes. Ces troubles ont toujours été confiés aux pédiatres ou aux psychiatres, car la médecine traditionnelle ne sait pas trop comment traiter ces maladies.

Que révèlent ces trois troubles importants ?

Si l'on regarde un obèse ou une anorexique passer dans la rue, on ressent généralement de la tristesse pour cette personne, car il se dégage d'elle un mal-être infini. Celle-ci ressentira le regard que nous posons sur elle comme du dégoût, comme un rejet de son corps et de son image, car nous ne posons plus sur elle un regard intérieur, mais un regard extérieur.

La première cause de l'anorexie chez les adolescentes est la peur de grossir et de ne plus paraître désirables suivant les canons de beauté actuels que propagent les mannequins. Une personne se mettra à trop manger de n'importe quoi en quantité excessive ou ne mangera à peu près rien pour des raisons bien précises, et non par pur caprice. On a beaucoup étudié le cas de ces personnes et on a trop souvent conclu qu'elles souffraient de « troubles comportementaux ».

C'est une lapalissade : toute maladie est d'origine comportementale ! Cela sous-entend aussi que sortir des normes définies par la société est alors considéré comme un trouble de comportement. Est-ce vraiment cela ? La boulimie, l'anorexie mentale et l'obésité sont l'expression d'un combat intérieur entre l'être réel que la personne souffrante a abandonné, avec l'image personnelle qu'elle s'en fait, et l'image qu'elle désire que les autres se fassent d'elle. On revient toujours à cette dualité de l'être qui *est* et qui fonctionne par rapport à des critères qui ne sont pas les siens. Catégoriser cela dans les troubles comportementaux conforte en réalité la personne souffrante dans ses croyances et renforce le côté social aux dépens de l'être profond et réel, alors qu'un traitement efficace ne peut être mené à bien qu'en empruntant une voie contraire !

Prenons, par exemple, le cas de Stéphanie, une jeune femme de 20 ans. Elle souffre de crises de boulimie depuis trois ans et régurgite régulièrement ce qu'elle mange pour ne pas grossir. Elle sait parfaitement que cette attitude est anormale et elle s'en cache depuis des années. Elle consulte un spécialiste, car elle envisage de vivre avec son ami et ne désire pas qu'il découvre cette façon « anormale de se conduire ». Elle ne demande même pas d'arrêter de souffrir de crises de boulimie : elle est totalement motivée par le regard de l'autre et désire simplement pouvoir se plier aux normes sociales. Il a fallu beaucoup de temps avant que Stéphanie admette que sa maladie n'était que la conséquence d'un mal-être profond qui nécessitait un traitement global, et non l'apport de techniques qui lui permettraient de se conformer plus facilement à la norme.

Si l'on mange trop, et de façon compulsive, ou si l'on ne désire plus s'alimenter, c'est qu'on ne se respecte plus, qu'on ne s'aime plus. C'est le résultat d'une grande souffrance intérieure et c'est pourquoi les souffrances des personnes obèses et anorexiques provoquent parfois en nous tant de tristesse.

Faut-il faire suivre des régimes à ces personnes, les convaincre qu'elles doivent manger mieux et qu'il est mauvais pour leur santé de trop manger ou de ne pas manger ? Elles le savent parfaitement au fond d'elles-mêmes, mais ne peuvent pas faire autrement ! Elles souffriront encore plus si on leur dit à longueur de journée ou à chaque consultation qu'elles devraient maigrir ou grossir ! Leur image intérieure ne tirera aucun profit de ces discours qui, de toute manière, se termineront par des jugements destructeurs trop souvent entendus : « De toute façon, vu que vous ne désirez pas faire un effort en ce sens, je ne peux plus rien pour vous ! » Cette forme d'abandon est généralement perçue comme totale et renforce l'image au détriment de l'être. Le cercle vicieux dans lequel, malheureusement, la médecine entraîne les patients n'apporte qu'un peu plus de souffrance et accentue la haine du patient pour lui-même. (Nous ne ferons aucun commentaire sur la valeur éthique de cette attitude !)

L'anorexique et l'obèse reçoivent de leur cerveau des messages très puissants et réagissent immédiatement à toute vision de nourriture (dans le cas de l'anorexique) ou de perte de poids (pour l'obèse). Ces messages provoquent un dégoût immédiat dans le premier cas et une réaction de type « famine » dans le second. Du même coup, toute la chimie du corps se met en marche pour aider le malade à résoudre son « problème ». Le corps se révulse, sécrète des substances qui provoquent des brûlures d'estomac, etc., ou entraînent une ouverture du centre de la faim et créent ainsi une aggravation des troubles dont souffre le patient.

Il existe ainsi un lien très intime entre le cerveau et le métabolisme qui, en réalité, ne font qu'un. Le cerveau est impuissant à modifier l'image déformée que le patient a de lui-même. Par exemple, une anorexique niera son problème, déclarera que ses amies sont encore plus minces qu'elle et aura donc peur de grossir, alors qu'elle ne pèse que 35 kilos !

Cette « folie » ou cette irrationalité ne peut être niée, et le fait que la pensée et la réaction du corps soient aussi intimement liées aggrave le problème. Tout cela tend à démontrer une fois de plus que la personne souffrant de tels troubles vit cela de façon très intime et *est* sa propre maladie au moment où elle en souffre. La maladie est pour ainsi dire programmée et si la personne malade en prend conscience, cela constitue un immense pas en avant, mais encore faut-il y remédier et, en quelque sorte, déprogrammer ces réactions automatiques et associatives entre le mental et le physique.

Mais revenons un instant à Stéphanie. Ses crises sont incontrôlables et surviennent à intervalles irréguliers. Elle vit ces crises très difficilement, car elle *doit* manger, pendant qu'une voix lui dit que c'est stupide et mauvais pour elle. Son désir est trop fort et elle ne peut se raisonner. Elle nage dans l'irrationalité la plus pure et a l'impression de devenir folle. Les vomissements qui suivent la crise signifient que celle-ci est terminée et que Stéphanie répudie cet instant de « folie », jusqu'à la prochaine fois.

Stéphanie vit une tension constante, car elle redoute ces moments de crise et sait qu'elle ne peut tout au plus qu'en retarder l'éruption. Elle croit qu'elle n'a aucune volonté et nourrit une vision très péjorative d'elle-même. Elle se considère comme une femme sans envergure, qui s'étonne que son ami désire vivre avec elle, et elle souffre de ne pas pouvoir lui avouer qu'elle est boulimique.

Lorsque je lui ai demandé la raison de ses crises, Stéphanie s'est perdue dans des explications lues et relues maintes fois : « Cela doit être pour combler un vide ou une attirance pour les douceurs liées à des souvenirs d'enfance. » En réalité, elle ne semblait pas du tout convaincue par ses explications et ne connaissait pas la cause profonde de ses crises. De toute façon, elle ne s'en souciait guère et ne désirait qu'une seule chose : que ses crises s'arrêtent et, afin d'y parvenir, trouver un moyen d'en réduire la fréquence et l'intensité. Elle avait accepté que sa vie ne soit qu'une lutte incessante contre ces crises avec lesquelles elle ne pouvait que composer : « Je suis boulimique et désire arriver à vivre avec cela, vivre avec mon ami, élever des enfants, avoir une vie sociale satisfaisante, sans que les gens puissent se douter de ma maladie. »

Stéphanie ne s'était jamais demandé comment survenaient ses crises, qu'est-ce qui les engendrait, qu'est-ce qui provoquait un tel mal-être que la seule porte de sortie était de se ruer sur la nourriture au même titre que d'autres fument, se droguent, boivent ou… font du jogging ? Pour répondre à ces questions, Stéphanie a dû non plus se situer *pendant* la crise, mais *avant* la crise. Elle a vite compris qu'une tension importante précédait celle-ci. D'où venait donc cette tension ?

Le plus souvent d'un événement qui engendrait une émotion qu'elle ne se permettait pas de vivre ou d'exprimer ! Cette émotion non vécue créait une tension et débouchait à court terme sur la crise.

Prendre conscience ou arriver à faire prendre conscience à la personne souffrante qu'elle a programmé sa maladie est la première étape, mais que faut-il faire alors afin d'aider le patient à guérir (en lui soulignant qu'il est le seul à pouvoir le faire) ? Les médicaments sont-ils d'une quelconque utilité ?

Certains sont totalement contre-indiqués, comme les antidépresseurs et les calmants. Ils ne servent qu'à voiler les vrais problèmes et la souffrance qui en découle se manifeste par les symptômes liés au mal-être. Ces médicaments n'apportent qu'une illusion de mieux-être plus contre-productive qu'utile. Les substances anorexigènes et les substances stimulantes calment ou excitent l'appétit à travers le système neurovégétatif, ce qui entraîne des effets secondaires trop connus et fort désagréables, tels que l'assèchement de la bouche, l'excitation cardiaque et les nausées. La médecine allopathe propose aussi des solutions aux symptômes, mais le symptôme n'étant pas la cause de la maladie, les médicaments ou les autres substances aident rarement le malade à régler son problème.

Ces médicaments peuvent-ils soulager la souffrance de façon temporaire ? Oui, ils le peuvent, mais alors le risque de dépendance est grand et ils ne font que déplacer le problème, en admettant, ce qui est fort peu probable, que le patient ne souffre plus de son trouble d'origine, qui se manifestait par des troubles nutritionnels. Tomber dans la dépendance est une autre façon de ne pas s'aimer. Par conséquent, il vaut mieux s'abstenir de tout médicament, sauf dans les cas très graves, où la vie est menacée.

Si les médicaments, la psychanalyse pure et dure, les cours de nutrition et les autres approches répertoriées ne sont pas très concluants ni même souhaitables, que faire alors ? Faut-il abandonner l'être à sa souffrance et attendre qu'il s'en sorte par lui-même ? Bien entendu que non ! La seule voie praticable est de tout essayer afin de lui rendre une image réelle de sa personne, image qu'il a, ou qu'on a totalement ou partiellement détruite. Cela signifie aussi qu'il faut l'aider à retrouver le respect et l'amour de lui-même. Cela peut paraître très idéaliste, mais en réalité, c'est la seule démarche qui assure une guérison profonde et véritable. Ce processus devra être global ou holistique, et assurera dans le même temps la guérison de l'esprit et du corps. Il faudra aller chercher dans la personne, en sachant qu'elle seule est capable d'y arriver, un être pur, merveilleux, plein d'amour, qui existe depuis la nuit des temps mais n'a jamais été « nourri », ce qui provoque la totale déformation de l'être qui vit de tels troubles et qui en souffre.

La nourriture n'est pas notre ennemie

Une crise de boulimie, comme nous l'avons vu dans le cas de Stéphanie, est un moment où la personne *doit* manger pour satisfaire un besoin non contrôlé de se « remplir » de nourriture. Cette nourriture pourra être plus ou moins sucrée, ou salée, mais pour la boulimique, tous les mélanges sont possibles, car le désir de manger est le plus fort et « tout ce qui tombe sous la main » pourra satisfaire ce désir violent.

L'intensité, le fait de ne pas pouvoir y résister est qualifié par la science de « désir compulsif ». La plupart du temps, ce désir survient lorsque la personne est seule, car celle-ci peut, sans être troublée et sans ressentir de honte, satisfaire ce besoin compulsif. Une certaine proportion de personnes souffrant de boulimie rejettent la nourriture après la crise, soit en se faisant vomir, soit en utilisant des laxatifs ou des lavements répétitifs, car elles souffrent de trop grandes lourdeurs digestives et se sentent par conséquent très mal, ou parce qu'elles ont peur de grossir. Il est coutumier de dire que les personnes qui se font vomir sont des cas plus graves que les autres. La grande majorité des personnes souffrant de boulimie sont des adolescentes et des femmes, bien que, depuis quelques décennies, cette pathologie atteint de plus en plus d'hommes. Après la crise, la boulimique est le plus souvent déprimée et en colère contre elle-même, car elle sait, d'une part, qu'elle se fait du mal et, d'autre part, elle se sent totalement dévalorisée du fait qu'elle n'a pas réussi à résister à une envie venant du plus profond d'elle-même.

La nourriture, source d'énergie

Une personne boulimique va de crise en crise, lutte contre celles-ci avec parfois un certain succès (c'est-à-dire qu'elle arrive parfois à ne pas succomber à son envie), et le plus souvent se retrouve à manger beaucoup et de façon compulsive. Elle essaie de ne pas succomber à la crise par un certain nombre de subterfuges allant de la suractivité à d'autres méthodes faisant diversion. La nourriture devient l'ennemie et la cause des maux ; les placards et le réfrigérateur sont vidés, et la hantise de revivre une crise est omniprésente. La plupart du temps, rien n'y fait et les crises se succèdent, soit par périodes de plusieurs jours ou de plusieurs semaines soit de façon quasi quotidienne.

Comme nous l'avons déjà souligné, la nourriture n'est pas la cause, elle n'est qu'un exutoire du même type que la cigarette pour le fumeur, l'alcool pour l'alcoolique et la drogue pour le drogué. La nourriture, qu'elle soit salée ou sucrée, n'est pas là non plus pour rappeler les moments passés pendant l'enfance auprès de la grand-mère qui préparait des tartes aux fruits, comme me l'a dit un jour une patiente qui avait fait une analyse et croyait connaître le pourquoi de ses crises, tout en n'arrivant pas à s'en débarrasser ! Ce genre d'explication, qui se rencontre dans une certaine littérature ou chez beaucoup trop de thérapeutes, n'apporte rien et n'a aucun fondement scientifique. Cela « explique », mais n'aide absolument pas la malade à guérir ! La nourriture reste le centre et, bien évidemment, la malade concentrera toute son énergie contre celle-ci afin de ne plus succomber à ses désirs. Rien ne fonctionne et il est étonnant que beaucoup de thérapeutes continuent à axer leurs « thérapies » sur la nourriture ou autour de cette dernière.

Si la nourriture n'est qu'un exutoire, alors la cause profonde de la souffrance est ailleurs. Elle se situe dans le temps avant la crise, et non pendant la crise. Le phénomène déclenchant n'est pas non plus situé dans la nuit des temps ou plusieurs années avant, mais bien plutôt dans les moments précédant la crise. Cette cause doit le plus souvent être recherchée dans la journée ou les heures qui précèdent la crise. Elle doit être suffisamment importante pour le patient et avoir déclenché une violente tension, pour qu'elle débouche sur un désir aussi irrésistible. Il s'agit d'une tension vécue au plus profond de l'être, née de l'affrontement entre deux aspects de la personne :

la « vraie » et la « fausse » ! La fausse, c'est-à-dire la partie fonctionnant par rapport aux autres, celle qui pense dans le vide et vit dans l'avenir ou le passé, a de nouveau triomphé et pris le dessus.

Tout le traitement tentera de recentrer la personne sur la vraie, c'est-à-dire celle qui vit dans le moment présent, s'occupe d'elle-même et vit ce qu'elle ressent. Cela implique un travail d'acquisition de confiance en soi qui débouchera forcément sur une diminution des attitudes fausses, prises en fonction des autres et non en fonction de sa vraie personnalité. Cela implique aussi par la suite une réduction en fréquence et en intensité, jusqu'à la disparition des tensions originelles et, par voie de conséquence, à une guérison profonde et durable de la boulimie. La nourriture redeviendra alors une alliée capable d'apporter une énergie optimale pour vivre bien et heureuse. Elle reprendra sa vraie place, car la personne ayant souffert de boulimie s'aimera de nouveau, se respectera de nouveau et respectera alors ce qu'elle ingère. Le processus est le même pour la guérison de tous les autres troubles alimentaires.

Vous me direz sans doute : « Tout cela est bien beau, mais c'est de la théorie, car dans ma vie de tous les jours je n'arrive pas à ne pas avoir de tensions, la vie elle-même étant une immense source de tensions ! » Certes, la vie n'est pas toujours facile, elle apporte son lot de difficultés et de tristesses. Nous devons y faire face. La façon dont nous y faisons face est déterminante.

Reprenons un exemple. Imaginons une femme, mère de famille, travaillant de surcroît. Cette femme essuie au travail des remarques blessantes de son entourage. Le soir, elle rentre à la maison, retrouve ses enfants, déchaînés et insupportables (à ses yeux), et un mari ayant passé une très mauvaise journée et faisant la tête ! Après avoir vaqué aux occupations domestiques, cette femme risque de se retrouver seule, fatiguée de sa journée et pourrait alors se mettre à manger de façon compulsive. Un autre jour cela n'arrivera pas.

Quelle est la différence entre deux attitudes diamétralement opposées, chez la même femme ? La fatigue est la même, l'environnement est aussi le même (bureau, enfants, mari), mais la résultante sera soit une souffrance, entraînant une crise de boulimie, soit une simple fatigue, débouchant sur un sommeil profond et réparateur. Toute la différence réside dans l'attitude qu'adopte cette femme tout au long de la journée. Vit-elle dans le moment présent ce qu'elle ressent, ou non ? Exprime-t-elle les colères engendrées par les remarques blessantes au travail, l'attitude de ses enfants et de son mari ? Extériorise-t-elle la tristesse provoquée par ce qui s'est passé au bureau ? Garde-t-elle au fond d'elle-même ses émotions, au nom de principes ou d'autres raisons qui ne lui permettent pas d'exprimer ce qu'elle ressent ?

Dans le premier cas, il n'y aura pas de tension et, par conséquent, seule la fatigue sera présente ; dans le second, plusieurs tensions seront présentes et leur non-expression provoquera une crise de boulimie. Nous voyons que seule l'attitude de cette femme face à ce qui lui arrive dans la vie quotidienne déterminera un mal-être se traduisant par une crise de boulimie. La nourriture n'a rien à voir dans ce problème, pas plus que l'environnement ! Seule cette femme est capable, si elle s'en donne le droit, et par conséquent si elle se respecte, d'exprimer ses colères et de vivre sa tristesse. Personne ne peut le faire pour elle, de même qu'elle est incapable de changer son environnement et les autres. Les tensions ne viennent pas de l'extérieur, mais de l'intérieur. Elles disparaissent dès que cette femme se donne le droit d'exprimer, c'est-à-dire de vivre ses émotions. Cela peut paraître simple à comprendre, mais être parfois très difficile à mettre en pratique, car toute notre éducation va à l'encontre de ce principe de base.

Chapitre 6

L'amour, l'essence de la vie

> *L'amour universel, c'est celui qui commence par l'amour de soi, c'est-à-dire l'acceptation de ce que nous sommes réellement comme base de travail de notre évolution*[7].
>
> Pir K. Ançari

Sans amour, rien n'existe, car il est tout et *est* le Tout ! Sans lui, la perte d'identité, la maladie, la jalousie, l'envie, la destruction et la guerre existent.

L'amour est impersonnel et personnel, désintéressé, total. Il est partout, ubiquitaire, en nous et autour de nous sur tous les plans : humain, céleste et cosmique. Il existe et il faut le contacter, en nous, autour de nous. Il baigne notre être et le monde.

L'homme n'aime plus réellement, ne s'aime plus, ne se connaît plus, ne se reconnaît en rien, car il a perdu la foi en lui-même. Sans cette foi, comment peut-il rêver d'être aimé par les autres ? Sans le respect de soi-même, comment peut-on respecter les autres et être respecté par eux ? Sans l'amour de soi, comment peut-on vivre en bonne santé ? Sans amour, comment peut-on apprendre à un enfant qu'il est un bel être, bourré de qualités, qu'il lui suffit de puiser en lui afin de vivre heureux ?

Les tremblements intérieurs

Comment peut-on prétendre vivre bien sans l'amour de soi, des autres et de son environnement ?

La santé, comme tout d'ailleurs, est dépendante de l'amour. Nous avons vu que lorsque notre mental prend le dessus en nous refusant le droit d'être, c'est-à-dire de ressentir et de vivre nos ressentis, les tensions, la maladie surviennent. Ces dernières sont des preuves d'un manque de respect (et par conséquent d'amour !) à notre propre égard. Cela est très simple, comme l'est l'amour !

Nous naissons tous avec des qualités ; ces dernières sont sensiblement les mêmes chez tout être : intelligence, sensibilité, créativité, curiosité (ou ouverture sur le monde), indépendance, spontanéité, enthousiasme, sensualité, intuition, etc. Elles sont présentes dans des proportions différentes chez chacun, ce qui explique l'unicité de l'être humain. Tant que nous vivons en utilisant nos qualités et en étant nous-mêmes, nous sommes heureux, en paix avec notre conscience et avec le monde extérieur, et en bonne santé. Cela s'explique très facilement, car tant que nous nous respectons, notre corps nous montrera que nous sommes sur la bonne voie. Ainsi éprouverons-nous la paix, le bonheur et la sérénité. Ces sensations sont alors profondément ancrées en nous : nous « savons » que nous sommes bien ! Nous ne « pensons » pas que nous sommes bien, nous avons une certitude et cette dernière ne souffre aucune remise en cause. Plus notre santé sera stable et bonne, moins ces sensations et ce savoir seront fugitifs.

« Être soi-même » signifie utiliser ce que nous avons en nous, utiliser nos qualités, les développer, et cela ne peut se faire que dans le moment présent, car, ne l'oublions pas, nous sommes *maintenant*, et non hier ou demain ! Lorsque nous acceptons de vivre avec nos qualités, nous faisons preuve d'amour pour nous-mêmes. Respecter ce que nous avons en nous signifie que nous nous aimons. Le respect est à la base de l'amour et de toute relation, que ce soit avec d'autres êtres humains, des animaux, des plantes ou le monde minéral. Sans le respect de ce que nous sommes et possédons en chacun de nous, nous ne pouvons pas respecter notre environnement ; cela, malheureusement, explique pourquoi notre monde actuel est pollué, en guerre (économique ou militaire), violent et

« sans âme ». Le respect de soi n'existant plus, comment peut-on imaginer que le monde dans lequel nous vivons soit différent ? Il ne le peut pas, car il est à notre image !

La société n'est rien d'autre que le regroupement de plusieurs individus dans le but de mettre leurs ressources en commun. Elle n'est que le miroir de ce qui se vit à l'intérieur de chacun de ses membres, au même titre que le corps n'est que le miroir de ce qui se passe au-dedans de nous-mêmes. Lorsque l'amour est présent, l'être humain rayonne et désire que le monde dans lequel il vit soit à son image. Si l'amour ne régit pas notre vie intérieure et nos rapports sociaux, le mal-être, la haine, la jalousie, l'envie et la violence s'installent et la société n'est que le reflet de la vie intérieure de chacun. Il me semble illusoire de penser qu'en changeant la société ou le monde dans lequel les hommes vivent, l'homme deviendra meilleur. Ce n'est pas l'environnement qui conditionne l'être humain, mais exactement le contraire !

Le leurre dans lequel les politiciens de tous bords, les sociologues de toutes obédiences, les églises et tous les autres regroupements ont entretenu l'être humain depuis de nombreuses décennies est sans doute le grand responsable de nos maux. Ce mensonge est grave. C'est comme si on nous disait : « L'individu est incapable d'être heureux par lui-même, il faut donc lui bâtir un monde qui soit le meilleur possible, afin qu'il évolue, qu'il devienne meilleur et plus responsable. » Cette illusion, ce mensonge a fait les beaux jours des systèmes communiste et national-socialiste, par exemple, mais aussi des églises, des sectes religieuses, de toutes nationalités et de toutes races ! Leurs dogmes ont entraîné la perte du sens de la responsabilité de l'individu, que l'on prend d'ailleurs de plus en plus en charge. Comment peut-on penser que la société puisse aimer ? Une création purement cérébrale et mentale ne peut aimer ! Elle ne peut que penser dans le vide ! C'est ce que nous faisons tous trop souvent, mais que certains ont adopté comme système de vie... et choisi comme profession !

Il n'est pas question de remettre en cause la notion de société, mais de se souvenir que la société ne peut ni être, ni vivre, ni ressentir, ni aimer à notre place. La société, le monde environnant, l'extérieur existent, mais ne peuvent rendre un individu heureux ou malheureux. Ils peuvent bien entendu exercer une influence, mais ils ne sont pas responsables de notre mal-être. Des personnes vivant dans un environnement merveilleux, avec toutes les facilités matérielles possibles peuvent être malheureuses, alors que d'autres, vivant tout le contraire, sont heureuses. L'environnement (dont fait partie la société !) n'est qu'un facteur plus ou moins déterminant, mais rien d'autre !

Sur le plan de la santé, certains « scientifiques » ont essayé de nous faire croire qu'en améliorant les conditions de vie extérieures, le monde allait devenir plus sain et que la maladie allait reculer. Le fameux slogan de l'OMS, « La santé pour tous en l'an 2000 », fait partie de cette illusion. Il est vrai qu'en améliorant les conditions extérieures, par exemple en construisant des puits, des latrines et en éduquant les populations à des mesures d'hygiène adaptées, certaines grandes catégories de maladies ont reculé dans le monde. Ces maigres succès ont conduit certains, par un raccourci pas très scientifique, à la conclusion que l'environnement conditionne la santé. Il suffit de constater, pour nuancer très fortement cette affirmation, que d'autres pathologies ont fait alors leur apparition. Certes, l'environnement favorise tel ou tel type de maladies, mais il est intéressant de souligner que, d'une part, l'environnement est le plus souvent à l'image de ceux qui l'occupent et que, d'autre part, dans le même environnement les gens ne réagissent pas de la même façon : certains sont en excellente santé, d'autres malades. Cette simple constatation, qui ne nécessite pas une grande rigueur scientifique, suffit à démontrer que l'environnement, aussi important qu'il soit, n'est pas au cœur de la santé et du bonheur des gens.

Puisque l'environnement n'est pas le moteur, la cause principale du bonheur ou du malheur ressenti par l'individu, il faut revenir à ce dernier, à ce qu'il ressent, à ce qu'il vit, non pas en relation avec l'extérieur, mais avec l'intérieur. Il est alors essentiel d'accepter le fait que lorsque nous sommes tendus, malades, ce n'est pas à cause des autres ou de notre environnement, mais bien par notre propre faute !

Prenons un exemple simple. Si je m'énerve parce qu'un ami vient de me dire quelque chose que je n'accepte pas (vrai ou faux, peu importe !), je peux soit blâmer ce dernier de m'avoir irrité, de m'avoir fait passer une mauvaise nuit et, du même coup, de m'avoir fait faire des remontrances injustifiées à mes enfants, soit me dire que mon corps, à travers des signes qu'il me fournit, essaie de me dire que je ne suis pas en train de me respecter, de m'aimer. En me posant cette question, je recentre l'attention sur moi-même — ce qui est déjà important, puisque c'est le début de la prise de conscience — et je vais très rapidement arriver à la conclusion que je ressens de la colère ou de l'irritation. Me respecter signifie que je dois me laisser aller à vivre ce sentiment. En le faisant, ma colère disparaîtra, je dormirai comme un loir et, le lendemain, je n'abreuverai pas mes enfants de reproches injustifiés... Mon corps (mon être) réagit à l'extérieur (en l'occurrence, à ce que m'a dit mon ami), ce qui provoque ma colère. Cette colère est présente, il n'est pas question de la nier ni de se demander si elle est justifiée ou non, mais de la vivre !

L'amour de soi signifie, dans cet exemple, se laisser vivre dans le moment présent, le ressenti qu'est la colère. En le faisant, notre corps nous renverra un message de non-tension, de soulagement et de bien-être. En revanche, le manque d'amour et de respect se traduira immédiatement par une tension intérieure et par le cortège de signes cités précédemment. L'extérieur, l'environnement, n'a pas grand-chose à voir avec mon mal-être.

Michèle, elle, souffre d'une récidive d'un cancer de la peau excessivement malin (mélanome). Son état général est bon, mais des métastases ont été trouvées sur le pancréas et le foie, bien que la tumeur primitive ait été enlevée chirurgicalement. Michèle est âgée de 40 ans, a 4 enfants et dirige une entreprise fondée par son père. Ce dernier destinait l'entreprise à son fils, mais après que celui-ci se soit tué dans un accident de voiture, Michèle a pris la relève.

La première tumeur est apparue trois ans après le décès de son frère, qui semble avoir été bien assumé par la patiente. Elle n'hésite pas une seconde en répondant à la question de savoir pourquoi elle souffre d'un cancer de la peau : ses relations avec son père en sont la cause. Elle lui reproche un grand autoritarisme, de ne pas lui donner confiance en elle-même, de continuer à la traiter comme sa secrétaire tout en se déchargeant au maximum sur elle. Son cancer est la résultante de cet état de fait, mais elle désire fortement vivre pour elle afin de profiter de la vie et de s'accomplir en tant que mère, chef d'entreprise et épouse. Elle veut entreprendre un travail de fond sur elle-même, car elle en ressent le besoin, tout en espérant qu'il ne soit pas trop tard ; elle est même prête à arrêter de travailler dans l'entreprise familiale si cela s'avère nécessaire pour vivre. Bien entendu, elle a peur, car elle est parfaitement au courant du pronostic très sombre sur son état de santé.

Michèle est une femme intelligente et sensible, néanmoins son cas illustre parfaitement notre propos : d'une part, elle reconnaît que la cause profonde de son cancer est l'attitude de son père envers elle et, d'autre part, elle ressent le besoin de travailler sur elle-même pour résoudre certains problèmes personnels dont elle souffre. Elle pense qu'en supprimant l'environnement et en résolvant quelques problèmes personnels son cancer pourrait disparaître. Cette démarche, très cérébrale, analytique et logique, est vouée à l'échec : en effet, où se trouve Michèle ? Lorsque je dis « Michèle », j'entends celle qui vit, qui ressent de la colère contre son père, mais aussi de la tristesse de ne pas être considérée par celui-ci comme son digne successeur, au même titre que l'était son frère. Sa non-confiance en elle-même est certes la résultante d'attitudes parentales diverses, mais sa souffrance actuelle n'est que la suite « logique » du fait qu'elle ne se permet pas, qu'elle ne s'accorde pas le droit de vivre, c'est-à-dire de vivre ses ressentis de colère et tristesse. Rien de plus, mais rien de moins ! Et elle en meurt… Michèle a très vite compris cela intellectuellement, puis l'a intégré en elle, ce qui l'a amené à exprimer sa colère envers son père. C'est à ce moment-là que les médecins ont constaté la disparition des métastases !

Elle a continué à travailler sur elle-même, non pas en analyse classique, mais en apprenant à comprendre ce que son corps essayait de lui dire à travers ce qui lui arrivait physiquement. Elle s'est concentrée sur ses ressentis et s'est autorisée à les vivre, et non à les ignorer comme elle en avait l'habitude auparavant. Elle est guérie aujourd'hui et m'a dit dernièrement que ce cancer était la plus belle chose qui avait pu lui arriver dans sa vie ! Merveilleuse aventure vécue par une femme qui sort de l'ordinaire par ses qualités, me direz-vous ? Oui, certes, mais toute personne désireuse de vivre est capable de vivre cette aventure, à la condition qu'elle accepte une chose à la base : chacun est responsable de sa santé, et non l'environnement. Alors, nous venons de le voir, tout est possible, même guérir d'un cancer aussi dangereusement mortel que l'est un mélanome malin avec métastases !

Il est difficile de reconnaître que nous souffrons d'un manque d'amour pour nous-mêmes. Premièrement, cet aveu est pénible, car il est plus facile de s'imaginer que les autres sont responsables de nos malheurs. De plus, notre éducation nous a appris à aimer les autres plus que nous-mêmes et non pas *comme* nous-mêmes, ce que prêche en réalité le vrai texte sacré ! Cette fausse interprétation d'un message commun à beaucoup de religions et d'écoles de pensée a diverses sources, et il serait fastidieux de toutes les analyser. Deux d'entre elles, néanmoins, me semblent importantes à souligner : l'éducation parentale et la norme sociale.

Les parents désirent être aimés de leurs enfants, ce qui, du reste, est tout à fait naturel. Mais cette demande d'amour, lorsqu'elle est faussée — ce qui arrive malheureusement beaucoup trop souvent ! — introduira la notion d'égoïsme. Cette notion peut être interprétée de différentes manières : elle peut être négative et prise alors dans le sens de « tirer la couverture à soi sans se préoccuper des autres », ou plus rarement positive, signifiant alors que la personne est centrée sur elle-même, par conséquent heureuse, ce qui entraîne le plus souvent un rayonnement extérieur positif.

Lorsque les parents, en recherche d'amour de leurs enfants, utilisent le mot « égoïsme », c'est sous forme de reproche. L'enfant comprendra le message de la façon dont il est énoncé : tu t'aimes trop, tu dois aimer tes parents plus que toi-même, car si tu désires recevoir encore leur amour, tu dois les faire passer en priorité. Il développera alors une attitude qui le poussera à faire passer les autres, l'extérieur en premier, de peur d'être considéré comme « égoïste ».

La cause sociale, quant à elle, a déjà été abordée plus haut. Elle tient sa source dans l'enseignement faussé d'un très grand nombre d'organisations politiques, religieuses ou autres, qui édictent la règle suivante : l'individu doit être au service des autres, c'est-à-dire un simple élément dans la construction ou la réalisation de ce que le groupe, la société désire atteindre. Ce que la société désire réaliser se fait au nom du groupe, pour le groupe, afin que chacun de ses membres puisse alors en profiter. Il devient évident que l'individu ne peut apprendre à s'aimer et niera, combattra même ses propres envies et ses désirs au nom de l'intérêt commun. Cette façon de considérer le monde donne la priorité aux autres à nos dépens, ce qui, en d'autres termes, entraîne un manque d'amour et de respect de soi.

Il est certain que si, pendant de nombreuses années, un enfant est confronté à un discours plus ou moins violent lui enseignant qu'il doit d'abord aimer les autres, que le groupe est tout et qu'il n'est qu'une partie de ce groupe, qu'il doit respecter les autres en premier lieu, et, s'il lui reste du temps, de l'espace et de l'énergie, se respecter lui-même ensuite, cet enfant mettra progressivement de côté ses propres envies, ses désirs et ses ressentis. Tout en creusant cette impasse en lui-même, il adoptera les points de vue des autres. En agissant de la sorte, il commencera à s'oublier, à ignorer la personne qu'il est et, par le fait même, à ne plus se respecter. Il ressentira alors une tension et éventuellement il tombera malade, ce qui aggravera sa dépendance face au monde environnant. Et le cercle vicieux persistera !

Depuis longtemps les médecins ont constaté que des lignées de femmes dans une même famille souffrent de problèmes de vésicule biliaire, qui, le plus souvent, se terminent par l'ablation chirurgicale de celle-ci. La médecine a recherché une cause héréditaire, mais rien n'a pu être démontré. Souvenons-nous qu'en médecine chinoise, la vésicule biliaire (VB) est l'organe physique dans lequel viennent se loger les soucis et les colères.

Demandons à une jeune femme souffrant de troubles vésiculaires (brûlures d'estomac, vomissements de bile) quelles attitudes elle adopte face à certains événements de sa vie, et nous trouverons toujours une personne « bileuse », soucieuse d'être la plus parfaite possible, la meilleure mère, épouse, amie. Demandons aussi à cette jeune femme si sa mère et sa grand-mère adoptaient la même attitude ! La réponse sera toujours affirmative, ce qui revient à dire que toutes ces femmes ont gardé face à la vie la même attitude et ont souffert ainsi des mêmes maux. N'y voyons rien d'autre qu'une cause éducative qui amène l'enfant à apprendre à s'oublier au nom de l'amour pour les autres, à ne plus s'autoriser à exister pleinement.

La même analyse est valable pour les femmes souffrant d'un cancer du sein, pathologie que l'on retrouve souvent dans une même famille : la patiente, sa mère, sa grand-mère ont souffert ou souffrent d'un cancer du sein droit, alors qu'elles sont toutes droitières. Observez alors l'attitude qu'adoptent ces femmes envers leurs conjoints et vous trouverez la cause profonde de leurs cancers ! L'hérédité chromosomique n'a donc rien à y voir, c'est l'hérédité « éducative » qui y tient le rôle central.

Une autre réaction face à l'éducation se rencontre souvent : le refus ! Il entraîne la rébellion, la violence ou la fuite. Ce refus explique la violence d'une certaine jeunesse, le recours aux drogues ou l'engouement pour les sectes, aussi paradoxal que cela puisse paraître ! Ces personnes ressentiront fortement la haine, l'isolement social, la solitude coupable, les condamnations de la société. Elles vivront aussi des tensions et éventuellement tomberont malades.

Dans les deux situations, le positionnement par rapport aux autres reste total et détourne l'enfant de lui-même. Le corps, par conséquent, l'exprimera par des signes tels que les tensions, les maladies. Chaque fois que le non-respect de soi est vécu, le corps réagit. Il n'apporte pas la souffrance par plaisir, mais pour nous avertir que le manque d'amour de soi n'est pas une solution, bien au contraire ! Seul le retour à soi, c'est-à-dire à ce que l'être ressent au-dedans de lui-même, peut le guérir et lui apporter la paix et le bonheur.

Les adolescents et les adultes ont tous été des enfants ! Cela explique la difficulté plus ou moins grande, selon l'éducation reçue, que ces derniers vivront pour réapprendre à s'aimer. Il s'agit en effet de cela et de rien d'autre ! Réapprendre que nous existons, que nous sommes ! Redécouvrir qu'à l'intérieur de nous-mêmes se trouve un être extraordinaire, tout puissant, capable des plus belles réalisations et capable d'aimer véritablement. Non pas aimer afin de recevoir en retour, mais aimer de façon désintéressée. Non pas aimer afin d'être reconnu par l'autre, mais aimer l'autre tout en continuant à s'aimer soi-même.

J'ai l'habitude de dire à mes patients : « Dans une relation, vous êtes le gâteau et l'autre, la cerise ! » ; cela est l'illustration du vrai amour. Combien de personnes dans une relation demandent à l'autre de les aimer pour elles-mêmes ? Un nombre incalculable de couples éclatent à cause de cette triste réalité. Ne s'aimant pas elles-mêmes, ces personnes demandent à l'autre de les aimer à leur place. Cela ne peut mener qu'à un échec ! L'amour de l'autre est illusoire tant que nous ne nous aimons pas nous-mêmes. Tout commence par soi, ce qui implique bien évidemment qu'être heureux et en bonne santé est notre responsabilité directe et non celle des autres !

La redécouverte de l'amour

En premier lieu, il faut prendre conscience que l'amour n'est pas une abstraction située à l'extérieur de soi. L'amour se trouve en nous-mêmes et ce n'est que dans ce lieu sacré que nous allons le rencontrer. Toutes les civilisations possèdent leurs épopées sur la quête du bonheur. Les héros courent le monde, affrontent des créatures diverses, rencontrent des dieux, livrent bataille pour revenir dans leur patrie avec la certitude que le bonheur n'est nulle part ailleurs qu'en eux-mêmes ! Cette quête du Graal est commune à tous les hommes, mais peut nous être épargnée si nous acceptons d'aller au-devant de nous-mêmes, de regarder en nous, non pas dans notre mental mais dans ce qui fait que nous existons : le noyau fondamental, car il est le Tout et c'est lui qui contient l'amour.

Accepter de se pencher sur soi est déjà une preuve d'intérêt et de respect. Admettre que nous contenons le Tout ne peut se faire qu'après avoir essayé d'aller à la rencontre de soi. Cette recherche nécessite une grande dose d'humilité, contrairement à ce que l'on pourrait penser ou imaginer. En effet, lorsque vous découvrez qu'en vous se trouve le Tout, il devient difficile de continuer à croire que vos « bobos », vos maladies et vos malaises sont dus à un facteur extérieur à vous-même ! Cela revient à dire que l'énorme puissance que nous avons en chacun de nous, lorsque nous la découvrons, nous rend humble et beaucoup plus compréhensifs. Bizarrement, cette découverte nous rend plus humains, plus tolérants et respectueux de la souffrance et des travers, car s'élève alors une véritable compréhension de l'ordre des choses. Cette tolérance, cette compréhension profonde alliée à l'amour est un puissant moteur qui anime l'être que nous sommes et lui fait réaliser des actes considérés comme « impensables », tant que cette force contenue dans le noyau fondamental n'est pas rencontrée et vécue.

Cette force est souvent appelée « spiritualité », ce qui est, à mes yeux, trop restrictif ou peut rebuter certaines personnes, car vivre sa spiritualité peut apparaître comme un exercice difficile, et beaucoup sont convaincus que cette approche est synonyme de prière, de méditation profonde et d'extase. Il est évident que la spiritualité, ce n'est pas cela ! La spiritualité fait partie du noyau ; c'est une approche qui mène vers la paix intérieure et le Tout. Elle peut être vécue à travers la musique, l'art, la nature, l'amour de ce qui nous entoure et de ce qui fait que nous existons. Nous avons tous en nous une part spirituelle que nous exploitons plus ou moins consciemment. La spiritualité n'est pas un sacerdoce auquel nous devons consacrer tout notre temps. Cependant, développer cette spiritualité est une démarche nécessaire et capitale pour atteindre le bien-être et la sérénité.

Il me semble important d'établir ici l'immense différence qui existe entre l'approche spirituelle et l'approche psychanalytique.

Un des buts de la vie spirituelle est de dissoudre, en allant à leurs racines, les tendances passées afin de retrouver la liberté intérieure. Les tendances passées représentent schématiquement ce que Freud a défini comme étant l'inconscient, c'est-à-dire des formations psychiques, des pulsions et des souvenirs refoulés qui conservent une influence sur le psychisme et, par le fait même, sur le comportement quotidien. Selon Freud, la seule technique valable afin de s'en affranchir est la psychanalyse.

Le fait de reconnaître certains de nos problèmes passés ne peut suffire. Les revivre ne peut être qu'un remède limité qui pourrait réduire certains blocages (et encore pendant très peu de temps), mais n'éliminera pas leurs causes premières. Remuer la boue avec un bâton n'a jamais servi à purifier l'eau ! La grande difficulté que rencontre la psychanalyse est que cette science ne détermine pas les causes premières du problème, qui partent toujours de l'attachement à l'*ego*. Cet attachement conditionne l'être et mène à l'attraction, à la répulsion, à l'adulation de soi-même. Cet *ego* n'est pas le noyau qui se trouve en nous, mais une pâle imitation : c'est l'*ego* qui se positionne par rapport aux autres ou aux choses. Si l'on détruit l'attachement à l'*ego* (par la méditation et la spiritualité), la cause première disparaît et se consume.

La psychanalyse est, quand à elle, une approche descriptive de l'être souffrant. Le patient décrit ses troubles dans le détail, les étudie de la même manière qu'un dermatologue décrit une lésion de la peau. Il est alors encouragé à rechercher en lui-même (c'est-à-dire dans son mental !) les associations (mentales !) qui lui viennent à l'esprit ou à nommer les personnes à qui il associe ses troubles : les parents, les éducateurs, les collègues, les amis, etc.

La partie mentale de notre être est la partie « éduquée » et il est évident que les références de cette partie de nous-mêmes iront à ceux qui nous ont éduqués, tant bien que mal. Ces derniers se retrouveront alors « responsables » du mal-être de la personne souffrante, ce que ne manquera pas de rappeler le patient à qui veut l'entendre. Cette confession peut provoquer un certain soulagement, mais un soulagement passager, car le patient sait au fond de lui-même qu'il existe une autre vérité. Les progrès seront très partiels, purement mentaux, mais la paix intérieure ne sera pas trouvée. Une fausse paix mentale, qui ne peut pas être durable, survient éventuellement. Du même coup, le traitement pourra perdurer et la psychiatrie continuer à vivre !

Il est vrai que certaines tendances de la psychanalyse se distancient de cette approche terriblement mentale et intellectuelle en mettant l'accent sur l'émotionnel, mais l'approche reste parcellaire, superficielle et, par conséquent, redoutablement inefficace ! Nous pourrions comparer cette approche à celle d'un homme qui divorce et ne se remet pas en question, considérant que sa femme a tous les torts. Cette analyse de la situation, très superficielle, lui suffit : la responsable de l'échec du couple est trouvée, il suffit donc de changer de partenaire et tout devrait s'arranger. Il y a fort à parier que cet homme vivra un nouveau divorce.

Accuser les autres de ses échecs personnels n'a jamais servi à avancer dans la vie, ni à se sentir mieux. Nous avons vu que les « échecs » peuvent et doivent être utilisés afin de comprendre au-dedans de nous-mêmes ce que nous faisons de faux, non pas par rapport aux autres, mais par rapport à nos émotions. Personne au monde ne peut nous interdire de vivre nos émotions ! Accuser les autres est facile et n'apporte aucun mieux-être, mais au contraire beaucoup d'aigreur et de rancunes ; or la rancune n'est rien d'autre qu'une colère rentrée !

À la rencontre du noyau fondamental

Toutes les techniques de relaxation basées sur la respiration sont, comme nous l'avons déjà expliqué, utiles. Le silence et la méditation sont d'autres moyens pour aller au-devant de soi-même.

Bien d'autres approches peuvent accompagner ces techniques, mais ce n'est pas l'objet de ce livre de les détailler. Toutes sont bonnes et peuvent être complémentaires, mais il faut se garder du tourisme méditatif ou du tourisme holistique ! En effet, il est de plus en plus courant de rencontrer des gens qui ont tout essayé, tout fait et pratiqué, ont tout compris, mais qui, en réalité, sont toujours aussi mal dans leur peau ! Ces personnes ont une connaissance intellectuelle énorme, mais n'ont rien vécu. Elles croient savoir, s'en gargarisent, continuent à « apprendre », soit dans les livres soit en suivant des cours, mais se leurrent ou sont leurrées par des « thérapeutes » qui vivent le même parcours stérile : praticiens bardés de diplômes, incapables de faire quoi que ce soit de concret de leur « savoir ».

Il est en fait très simple d'aller à sa propre rencontre. On doit tout d'abord le désirer profondément, puis essayer des techniques diverses afin de trouver celle qui nous conviendra le mieux. Ces essais peuvent être multiples ou uniques, peu importe, mais le ressenti ou l'intuition doivent jouer un rôle dans notre choix. Qu'est-ce que je ressens en m'exerçant à cette technique ? Si les effets sont bénéfiques, alors foncez ; dans le cas contraire, renoncez et choisissez une autre approche. Vous pourrez peut-être revenir un jour à celle que vous n'avez pas retenue, car elle n'est tout simplement pas la bonne pour vous à ce moment de votre existence.

Quelles sont ces différentes techniques qui permettent de retrouver son noyau fondamental ? Comme nous venons de le dire, elles sont multiples. Cependant, quelques règles générales me semblent très importantes à suivre. Ces techniques doivent donner l'absolue priorité au **ressenti**, donc aux émotions, et non privilégier l'échange mental et la discussion. Il est aussi important que le corps soit touché d'une façon ou d'une autre, car il est trop souvent oublié et laissé de côté par ceux qui ne sont pas ou plus en contact avec eux-mêmes. Notre corps garde en lui les vibrations, les mémoires émotionnelles et, par une technique de **toucher** appropriée, ces dernières resurgiront et pourront alors être vécues sur le plan émotionnel. Ce point est capital, car sans cela, tout travail reste trop intellectuel et par le fait même stérile.

Hormis la priorité donnée au ressenti et au toucher, l'**expression des émotions** doit être possible, car sans expression, point de guérison ! Exprimer ses émotions se fait de différentes façons et cela doit être possible à tout moment lors d'une thérapie. Ce devrait être d'ailleurs le but de toute thérapie ! Vivre ses émotions pendant ou après une séance de thérapie est primordial : les pleurs, les colères doivent être exprimées, en même temps que le bien-être ressenti. Ce dernier nous vient de l'énergie qui circule de nouveau dans notre corps, mais aussi de la libération, par l'expression, de nos émotions non vécues.

Ce qui vient d'être exposé pour la technique vaut aussi pour le thérapeute qui l'enseigne. S'il ne vous plaît pas, quel qu'en soit le ou les motifs, renoncez. Vous devez pouvoir aller au-devant de vous-même en toute confiance ; pour cela, il vous faut être accompagné par quelqu'un de fort, d'honnête, qui ne cherche à exercer sur vous aucun pouvoir.

Cette notion de pouvoir est importante dans le choix que vous ferez de la technique et du thérapeute. En effet, un vrai thérapeute est une personne qui n'a pas de pouvoir sur vous ; il n'est que le canal entre vous et votre noyau. Vous ne pouvez vivre avec cette personne que ce que vous avez, au plus profond de vous-même, décidé de vivre, de façon inconsciente, bien entendu. Mais certaines personnes, prétendant être de bons thérapeutes, font dans le pouvoir, la condescendance et l'intolérance. Ce ne sont pas de vrais thérapeutes et ils peuvent vous faire plus de mal que de bien. Tout thérapeute vous expliquant qu'il vous fera du bien est à fuir. En effet, soit il s'est mal exprimé soit il exprime ce qu'il pense être : un personnage capable de vous traiter et de vous guérir... à votre place. Cette personne se trompe, vous trompe ! Personne d'autre que vous-même ne peut vous guérir et vous traiter. Vous êtes le seul à pouvoir le faire. Un thérapeute ne peut que vous aider dans ce passage, rien d'autre. Aider quelqu'un à guérir est une tâche merveilleuse et nécessite beaucoup d'amour, et sans cet amour, un thérapeute n'est rien ! Il exerce une profession, mais n'est pas thérapeute. Cela vaut pour toute personne exerçant une activité médicale, paramédicale ou holistique, c'est-à-dire qui tente une explication globale.

Une fois que le thérapeute et le type de thérapie sont choisis, il ne reste plus qu'à accepter de vivre les émotions qui surgiront. Cela peut être par moments douloureux ou difficile, mais à bien d'autres moments ce sera une libération, une joie intense. Aller à la rencontre de soi-même rend humble, comme nous l'avons vu, mais nécessite aussi une grande dose d'amour.

J'utilise souvent l'image de l'enfant qui commence à marcher : il chute, il pleure. Si nous sommes en sa présence, notre réaction immédiate est de le relever, de le prendre dans nos bras pour le câliner, de lui dire que cela n'est pas grave et qu'il y arrivera. Faire la même chose avec soi-même est un début d'amour que nous devons nous accorder afin de progresser sur le chemin de la rencontre avec notre non-mental. Faire le contraire risque de décourager et de bloquer le travail entrepris, et c'est un signe de plus du manque d'amour et de respect de soi. Les faux pas sont permis, mais, comme le petit enfant que nous aidons par notre soutien et notre amour, nous devons reprendre ce qui a été entrepris, nous encourager à aller de l'avant afin d'apprendre de ces faux pas.

Les processus de ces approches peuvent être plus ou moins longs, et nul ne peut prédire le temps qu'ils dureront, car cela dépend de vous, de la profondeur de votre mal-être, ce qui n'est pas toujours

Les tremblements intérieurs

facile à évaluer de l'extérieur, et encore moins de l'intérieur. Des pauses peuvent s'avérer nécessaires, des moments d'intensification aussi. La règle veut que vous vous laissiez aller à vivre tout cela dans le moment présent, que vous vous laissiez aller à ressentir ce que vous désirez, et non ce que vous pensez devoir être. Le moment présent étant le seul moment lors duquel vous *savez*, c'est pendant celui-ci que vous ressentez si une pause serait bienvenue ou non. Votre thérapeute peut vous aider à ressentir, mais, encore là, il ne peut vous imposer ses vues sur la question. Il vous aidera à trouver la réponse, mais il ne pourra répondre à votre place. Vous seul savez, car vous seul avez en vous la connaissance.

Ne vous découragez pas non plus lorsque, après avoir pensé que le travail allait se terminer, vous découvrez que l'arbre cachait la forêt et qu'il vous faut encore aller de l'avant en poursuivant la même thérapie ou en passant à une autre plus adaptée à ce que vous vivez. Ce que vous avez entrepris jusque-là n'est pas pour autant un échec, mais simplement une marche franchie (ce qui est déjà énorme !) dans votre avancée vers le bien-être. Rappelez-vous l'enfant essayant de marcher, et reprenez votre avancée vers la connaissance de vous-même. Ne vous jugez pas, bien au contraire, apprenez à vous aimer ! La tolérance fait partie de l'amour.

Plus l'amour de soi, le respect de soi grandira, plus l'amour des autres, du monde environnant croîtra. Le contraire n'est pas vrai ! Ce passage vers l'amour de soi est essentiel pour appréhender la suite et découvrir que nous avons en nous l'amour du monde. Cet amour est profond, réel et désintéressé : il *est* ! Il existe dans le moment présent, qui est le moment de la conscience, alors que le passé et l'avenir naissent de l'imagination. Seul le présent est réel et éternel, de même que l'amour !

Chapitre 7

L'harmonie

Vivre en bonne santé signifie vivre en harmonie avec soi-même, avec le noyau fondamental situé au cœur de notre être. Ce centre irradie l'amour à tous les niveaux de notre être, il est en constante communication avec les forces extérieures, il vit uniquement le moment présent. Nos qualités intrinsèques sont présentes en nous dès notre naissance, et ne demandent qu'à être utilisées et exploitées pour que nous réalisions ce que nous sommes venus faire sur cette terre. Chacun a une tâche qui lui est impartie, chacun a un chemin particulier à parcourir, et seul le noyau fondamental les connaît. Notre cerveau n'est qu'un outil au service du non-mental, au même titre que nos bras et nos jambes, et participe à paver la voie sur laquelle notre noyau fondamental nous conduit. L'harmonie, la sérénité, le calme, la joie et, enfin, la santé sont les témoins, les bornes qui nous indiquent que nous empruntons le bon chemin. Vivre en bonne santé est la preuve que nous sommes en accord avec nous-mêmes, que nous nous aimons et alors nous irradions l'amour autour de nous.

Mourir en bonne santé c'est tout simplement poursuivre cette route à travers la métamorphose qu'est la mort. En nous laissant vivre le moment présent, la mort n'est plus qu'un passage et ne nous fait plus peur. Elle n'est qu'une autre étape, un autre moment présent et peut être vécue en totale harmonie, dans l'amour de soi et des autres. Elle est souvent la libération du poids des contingences matérielles, le suprême détachement, en quelque sorte la liberté !

La mort effraie beaucoup de personnes, car elle incarne l'insécurité. La recherche de la sécurité est trop souvent le but que nous nous fixons tout au long de notre vie. Or ce but n'est qu'un leurre dans la mesure où la sécurité est illusoire, éphémère. Combien de personnes ayant obtenu cette sécurité matérielle tant recherchée sont réellement heureuses et épanouies ? Beaucoup continuent à être malheureuses, tendues, dépressives. Cette recherche est liée à l'attachement au connu, qui n'est pas ouverture mais cloisonnement. « Le connu n'est rien d'autre que la prison créée par le conditionnement au passé. Il ne génère aucune possibilité d'évolution, absolument aucune. Et quand il n'y a pas d'évolution, il ne reste que stagnation, entropie, désordre et décadence[8]. »

La peur de la mort naît du conflit entre le mental, qui s'appuie sur le vide et l'imagination, et le noyau fondamental, qui vit le moment présent et sait qu'il possède la capacité de faire face à toutes les situations tout en restant en harmonie avec lui-même et le monde extérieur. Vécue dans le moment présent, la mort devient tout autre chose : une étape à franchir, une transformation, un passage harmonieux où nous pourrons déployer tout l'amour que nous avons en nous. La mort est simplement le prolongement de ce que nous avons vécu ; or, qu'avons-nous vécu, si ce n'est une succession de moments présents ? La mort n'est qu'un autre de ces moments !

Vous remarquerez à quel point les gens décèdent de la même façon qu'ils ont vécu. Tel vieillard souriant, au faciès fabuleux et à la sagesse toute terrienne, s'éteint calmement, sans douleur ni crainte ; tel autre, grincheux et détestant les enfants, s'éteint après une longue agonie. Ces exemples ne constituent pas une règle, car l'harmonie peut être trouvée et vécue à tout instant de la vie, mais souvent l'homme meurt comme il a vécu.

Vivre et mourir en bonne santé ne font qu'un, car notre noyau fondamental ne disparaît pas. Il continue à être, mais sous une autre forme. Il rejoint le Tout dont il a fait et fera toujours partie ! Ce Tout,

L'harmonie

c'est l'amour, celui qui transcende, guérit, anime tous les êtres humains et le monde entier. Il serait temps de lui rendre sa vraie place, le rang qui lui revient ! Cela n'est pas utopique et ne demande pas une réforme complète du monde, étant donné que cet amour est en nous, présent depuis notre naissance. Il suffit de le savoir, de l'accepter et d'aller à sa recherche. Il est là, il attend que nous le sollicitions pour se mettre à irradier au-dedans de nous. Cet amour, fort et puissant, rayonnera alors et sera perçu par l'autre, les autres. Le monde s'en trouvera bien mieux quand il aura été changé de l'intérieur, grâce aux hommes et aux femmes qui désireront vivre dans un environnement harmonieux, à l'image de ce qu'ils sont !

Références

1. BRENNAN, Barbara Ann. *Guérir par la lumière,* Paris, Tchou, 1993, 400 p.
2. THONDUP, Tulku. *L'infini pouvoir de guérison de l'Esprit,* Paris, Le Courrier du Livre, 1997, 284 p.
3. BESSON, Philippe Gaston. *Acide-base : une dynamique vitale,* Villars-les-Dombes, Éditions Trois Fontaines, 1998, 128 p.
4. PARACELSE. Citation tirée de *Astronomia Magna oder die ganze Philosophie Sagax der grossen und kleinen Welt* (XII, 92), *in* Lucien Braun, *Paracelse,* Lucerne-Lausanne, Éditions René Coeckelberghs, 1988, coll. « Les Grands Suisses », 158 p.
5. QUSAR, Namgyal et Jean-Claude Sergent. *Médecine tibétaine et alimentation,* coll. « Exercices de vie », Paris, Calmann-Lévy, 1995, 360 p.
6. CHESNAIS, Elisabeth. « Des pesticides au robinet ! », *Que choisir,* n° 341 (septembre 1997), p. 14-17.
7. ANÇARI, Pir K. *La psychologie spirituelle ou l'alchimie intérieure,* coll. « 4e voie », Béning-lès-Saint-Avold, Éditions de la Lumière, 1996, 416 p.
8. CHOPRA, Deepak. *Les sept lois spirituelles du succès,* coll. « Aventure secrète », Paris, J'ai Lu, 1999, 118 p.

Ce livre vous a plu ?
Vous avez envie d'aller plus loin ?

Vous avez la possibilité de mettre en pratique les recommandations faites par le Dr Dufour dans son livre lors de stages qu'il a fondés dans ce but précis.

Stages « Oge : à l'envers de l'ego »

Pour de plus amples informations,
veuillez consulter le site internet www.oge.biz

ou contacter Oge au
      tél. : +41 79 754 81 11
      fax : +41 22 840 44 52
      e-mail : info@oge.biz

Table des matières

Préface 7
Préambule. 9

Introduction 13

Chapitre 1
Les messages du corps 17
   Un corps sain. 18
   La maladie « message », et non la maladie « malchance ». . 21
   La bonté innée de l'homme 28

Chapitre 2
Les mécanismes qui mènent à la maladie 33
   La colère 34
   La tristesse 47
   La « gestion » de ses émotions 50
   L'expression de ses émotions. 52

Chapitre 3
Le moment présent 57
   Les peurs et les angoisses. 57
   L'élimination des « pensées dans le vide » 69

Chapitre 4
Le stress 75
   Les réactions au stress 78
   La gestion du stress. 79

Chapitre 5
La nourriture, source d'énergie. 87
   Le principe de synergie. 89
   À l'écoute de la nature 91
   L'homme pollueur. 96
   Les suppléments alimentaires 98
   Le retour au bon sens terrien 100
   Les grands troubles nutritionnels :
      l'obésité, la boulimie et l'anorexie mentale 104

Chapitre 6
L'amour, l'essence de la vie 115
   La redécouverte de l'amour 124
   À la rencontre du noyau fondamental 127

Chapitre 7
L'harmonie 131

Références. 135

Psychologie, vie affective, vie professionnelle, sexualité

20 minutes de répit, Ernest Lawrence Rossi et David Nimmons
101 conseils pour élever un enfant heureux, Lisa McCourt
1001 stratégies amoureuses, Marie Papillon
À dix kilos du bonheur, Danielle Bourque
L'adultère est un péché qu'on pardonne, Bonnie Eaker Weil et Ruth Winter
* **Aider mon patron à m'aider,** Eugène Houde
Aimer et se le dire, Jacques Salomé et Sylvie Galland
Aimer un homme sans se laisser dominer, Harrison Forrest
À la découverte de mon corps — Guide pour les adolescentes, Lynda Madaras
À la découverte de mon corps — Guide pour les adolescents, Lynda Madaras
L'amour comme solution, Susan Jeffers
* **L'amour, de l'exigence à la préférence,** Lucien Auger
* **L'amour en guerre,** Guy Corneau
L'amour entre elles, Claudette Savard
Les anges, mystérieux messagers, Collectif
Apprendre à dire non, Marcelle Lamarche et Pol Danheux
Apprenez à votre enfant à réfléchir, John Langrehr
L'apprentissage de la parole, R. Michnik Golinkoff et K. Hirsh-Pasek
L'approche émotivo-rationnelle, Albert Ellis et Robert A. Harper
Arrête de bouder!, Marie-France Cyr
Arrosez les fleurs pas les mauvaises herbes, Fletcher Peacock
L'art de discuter sans se disputer, Robert V. Gerard
L'art de parler en public, Ed Woblmuth
L'art d'être parents, Dr Benjamin Spock
Attention, parents!, Carol Soret Cope
Au bout du rouleau, Debra Waterhouse
Au cœur de l'année monastique, Victor-Antoine d'Avila-Latourrette
Balance en amour, Linda Goodman
Bébé joue et apprend, Penny Warner
Bélier en amour, Linda Goodman
Bientôt maman, Janet Whalley, Penny Simkin et Ann Keppler
* **Le bonheur au travail,** Alan Carson et Robert Dunlop
Le bonheur si je veux, Florence Rollot
Cancer en amour, Linda Goodman
Capricorne en amour, Linda Goodman
Ces chers parents!..., Christina Crawford
Ces gens qui remettent tout à demain, Rita Emmett
Ces gens qui vous empoisonnent l'existence, Lillian Glass
* **Ces hommes qui méprisent les femmes… et les femmes qui les aiment,** Dr Susan Forward et Joan Torres
Ces pères qui ne savent pas aimer, Monique Brillon
Cessez d'être gentil, soyez vrai, Thomas d'Ansembourg
Ces visages qui en disent long, Jeanne-Élise Alazard
Changer en douceur, Alain Rochon
Changer ensemble — Les étapes du couple, Susan M. Campbell
Changer, oui, c'est possible, Martin E. P. Seligman
Les clés du succès, Napoleon Hill
Comment aider mon enfant à ne pas décrocher, Lucien Auger
Comment communiquer avec votre adolescent, E. Weinhaus et K. Friedman
Comment contrôler l'inquiétude et l'utiliser efficacement, Dr E. M. Hallowell
Comment développer l'estime de soi de votre enfant, Carl Pickhardt
Comment faire l'amour sans danger, Diane Richardson
* **Comment parler en public,** S. Barrat et C. H. Godefroy
Comment s'amuser à séduire l'autre, Lili Gulliver
Comment s'entourer de gens extraordinaires, Lillian Glass
Communiquer avec les autres, c'est facile!, Érica Guilane-Nachez
Le complexe de Casanova, Peter Trachtenberg

* **Comprendre et interpréter vos rêves,** Michel Devivier et Corinne Léonard
  La concentration créatrice, Jean-Paul Simard
  La côte d'Adam, M. Geet Éthier
  Couples en péril réagissez!, Dr Arnold Brand
  Découvrez votre quotient intellectuel, Victor Serebriakoff
  Découvrir un sens à sa vie avec la logothérapie, Viktor E. Frankl
  Le défi de vieillir, Hubert de Ravinel
* **De ma tête à mon cœur,** Micheline Lacasse
  La dépression contagieuse, Ronald M. Podell
  La deuxième année de mon enfant, Frank et Theresa Caplan
  Développez votre charisme, Tony Alessandra
  Devenez riche, Napoleon Hill
* **Dieu ne joue pas aux dés,** Henri Laborit
  Dominez votre anxiété avant qu'elle ne vous domine, Albert Ellis
  Les douze premiers mois de mon enfant, Frank Caplan
* **Du nouvel amour à la famille recomposée,** Gisèle Larouche
  Les dynamiques de la personne, Denis Ouimet
  Dynamique des groupes, Jean-Marie Aubry
  En attendant notre enfant, Yvette Pratte Marchessault
* **Les enfants de l'autre,** Erna Paris
  Les enfants de l'indifférence, Andrée Ruffo
  L'enfant dictateur, Fred G. Gosman
  L'enfant en colère, Tim Murphy
* **L'enfant unique — Enfant équilibré, parents heureux,** Ellen Peck
  L'Ennéagramme au travail et en amour, Helen Palmer
  Entre le rire et les larmes, Élisabeth Carrier
  L'esprit dispersé, Dr Gabor Maté
* **L'esprit du grenier,** Henri Laborit
  Êtes-vous faits l'un pour l'autre ?, Ellen Lederman
* **L'étonnant nouveau-né,** Marshall H. Klaus et Phyllis H. Klaus
  Être soi-même, Dorothy Corkille Briggs
* **Évoluer avec ses enfants,** Pierre-Paul Gagné
  Exceller sous pression, Saul Miller
* **Exercices aquatiques pour les futures mamans,** Joanne Dussault et Claudia Demers
  Fantaisies amoureuses, Marie Papillon
  La femme indispensable, Ellen Sue Stern
  La force intérieure, J. Ensign Addington
  Le fruit défendu, Carol Botwin
  Full Sexuel – La vie amoureuse des adolescents, Jocelyne Robert
  Gémeaux en amour, Linda Goodman
  Le goût du risque, Gert Semler
  Le grand dauphin blanc, Bruno Saint-Cast
  Le grand livre de notre enfant, Tim Murphy
* **Le grand manuel des cristaux,** Ursula Markham
  La graphologie au service de votre vie intime et professionnelle, Claude Santoy
  Guérir des autres, Albert Glaude
* **La guérison du cœur,** Guy Corneau
  Le guide du succès, Tom Hopkins
* **Heureux comme un roi,** Benoît L'Herbier
  Histoire d'une femme traquée, Gaëtan Dufour
  L'histoire merveilleuse de la naissance, Jocelyne Robert
  Horoscope chinois 2001, Neil Somerville
  Horoscope chinois 2002, Neil Somerville
  Les initiales du bonheur, Ronald Royer
  L'insoutenable absence, Regina Sara Ryan
  J'ai commis l'inceste, Gilles David
* **J'aime,** Yves Saint-Arnaud
  J'ai rendez-vous avec moi, Micheline Lacasse
  Jamais seuls ensemble, Jacques Salomé
  Je crois en moi et je vais mieux !, Christ Zois et Patricia Fogarty
  Je réinvente ma vie, J. E. Young et J. S. Klosko
  Le jeu excessif, Ladouceur, Sylvain, Boutin et Doucet
* **Le journal intime intensif,** Ira Progoff
  Le langage du corps, Julius Fast

Lion en amour, Linda Goodman
Le mal des mots, Denise Thériault
Maman a raison, papa n'a pas tort…, Dr Ron Taffel
Maman, bobo!, Collectif
Les manipulateurs et l'amour, Isabelle Nazare-Aga
Les manipulateurs sont parmi nous, Isabelle Nazare-Aga
Ma sexualité de 0 à 6 ans, Jocelyne Robert
Ma sexualité de 6 à 9 ans, Jocelyne Robert
Ma sexualité de 9 à 12 ans, Jocelyne Robert
La méditation transcendantale, Jack Forem
Le mensonge amoureux, Robert Blondin
Nous divorçons — Quoi dire à nos enfants, Darlene Weyburne
Mère à la maison et heureuse! Cindy Tolliver
Mettez du feng shui dans votre vie, George Birdsall
* **Mon enfant naîtra-t-il en bonne santé?,** Jonathan Scher et Carol Dix
* **Mon journal de rêves,** Nicole Gratton
Parent responsable, enfant équilibré, François Dumesnil
Parle, je t'écoute…, Kris Rosenberg
Parle-moi… j'ai des choses à te dire, Jacques Salomé
Parlez-leur d'amour et de sexualité, Jocelyne Robert
Parlez pour qu'on vous écoute, Michèle Brien
Partir ou rester?, Peter D. Kramer
Pas de panique!, Dr R. Reid Wilson
Pensez comme Léonard de Vinci, Michael J. Gelb
Père manquant, fils manqué, Guy Corneau
Petit bonheur deviendra grand, Éliane Francœur
La peur d'aimer, Steven Carter et Julia Sokol
Les peurs infantiles, Dr John Pearce
Peut-on être un homme sans faire le mâle?, John Stoltenberg
* **Les plaisirs du stress,** Dr Peter G. Hanson
La plénitude sexuelle, Michael Riskin et Anita Banker-Riskin
Poissons en amour, Linda Goodman
Pour en finir avec le trac, Peter Desberg
Pour entretenir la flamme, Marie Papillon
Pourquoi l'autre et pas moi? — Le droit à la jalousie, Dr Louise Auger
Pourquoi les hommes s'en vont, Brenda Shoshanna
Pourquoi les hommes marchent-ils à la gauche des femmes?, Philippe Turchet
Le pouvoir d'Aladin, Jack Canfield et Mark Victor Hansen
Le pouvoir de la couleur, Faber Birren
Le pouvoir de la pensée «négative», Tony Humphreys
Le pouvoir de l'empathie, A.P. Ciaramicoli et C. Ketcham
Préparez votre enfant à l'école dès l'âge de 2 ans, Louise Doyon
* **Prévenir et surmonter la déprime,** Lucien Auger
Le principe de Peter, L. J. Peter et R. Hull
Les problèmes de sommeil des enfants, Dr Susan E. Gottlieb
Psychologie de l'enfant de 0 à 10 ans, Françoise Cholette-Pérusse
* **La puberté,** Angela Hines
La puissance de la vie positive, Norman Vincent Peale
La puissance de l'intention, Richard J. Leider
La puissance des émotions, Michelle Larivey
Qui a peur d'Alexander Lowen?, Édith Fournier
Réfléchissez et devenez riche, Napoleon Hill
La réponse est en moi, Micheline Lacasse
La réussite grâce à l'horoscope chinois, Neil Somerville
Les rêves, messagers de la nuit, Nicole Gratton
Les rêves portent conseil, Laurent Lachance
Rêves, signes et coïncidences, Laurent Lachance
Rompre pour de bon!, Joyce L. Vedral
* **Rompre sans tout casser,** Linda Bérubé
Ronde et épanouie!, Cheri K. Erdman
* **S'affirmer au quotidien,** Éric Schuler
S'affirmer et communiquer, Jean-Marie Boisvert et Madeleine Beaudry
S'aider soi-même davantage, Lucien Auger
Sagittaire en amour, Linda Goodman

Scorpion en amour, Linda Goodman
Se comprendre soi-même par des tests, Collaboration
Se connaître soi-même, Gérard Artaud
* **Le secret de Blanche,** Blanche Landry
Secrets d'alcôve, Iris et Steven Finz
Les secrets de la flexibilité, Priscilla Donovan et Jacquelyn Wonder
Les secrets de l'astrologie chinoise ou le parfait bonheur, André H. Lemoine
Les secrets des 12 signes du zodiaque, Andrée D'Amour
Séduire à coup sûr, Leil Lowndes
* **Se guérir de la sottise,** Lucien Auger
S'entraider, Jacques Limoges
* **La sexualité du jeune adolescent,** Dr Lionel Gendron
La sexualité pour le plaisir et pour l'amour, D. Schmid et M.-J. Mattheeuws
Si je m'écoutais je m'entendrais, Jacques Salomé et Sylvie Galland
Le Soi aux mille visages, Pierre Cauvin et Geneviève Cailloux
* **Superlady du sexe,** Susan C. Bakos
Surmonter sa peine, Adele Wilcox
La synergologie, Philippe Turchet
Taureau en amour, Linda Goodman
Te laisse pas faire! Jocelyne Robert
Le temps d'apprendre à vivre, Lucien Auger
Tics et problèmes de tension musculaire, Kieron O'Connor et Danielle Gareau
Tirez profit de vos erreurs, Gerard I. Nierenberg
Tout se joue avant la maternelle, Masaru Ibuka
* **Travailler devant un écran,** Dr Helen Feeley
Un autre corps pour mon âme, Michael Newton
* **Un monde insolite,** Frank Edwards
Une vie à se dire, Jacques Salomé
* **Un second souffle,** Diane Hébert
Verseau en amour, Linda Goodman
* **La vie antérieure,** Henri Laborit
Vieillir au masculin, Hubert de Ravinel
Vierge en amour, Linda Goodman
Vivre avec un cardiaque, Rhoda F. Levin
Vos enfants consomment-ils des drogues?, Steve Carper et Timothy Dimoff
Votre enfant est-il trop sensible?, Janet Poland et Judi Craig
Votre enfant est-il victime d'intimidation?, Sarah Lawson
Vouloir c'est pouvoir, Raymond Hull
Vous valez mieux que vous ne pensez, Patricia Cleghorn

Santé, beauté

Alzheimer — Le long crépuscule, Donna Cohen et Carl Eisdorfer
Arbres et arbustes thérapeutiques, Anny Schneider
L'arthrite, Dr Michael Reed Gach
L'arthrite — méthode révolutionnaire pour s'en débarrasser, Dr John B. Irwin
Au cœur de notre corps, Marie Lise Labonté
Bien vivre, mieux vieillir, Marie-Paule Dessaint
Bon vin, bon cœur, bonne santé!, Frank Jones
Le cancer du sein, Dr Carol Fabian et Andrea Warren
La chirurgie esthétique, Dr André Camirand
* **Comment arrêter de fumer pour de bon,** Kieron O'Connor, Robert Langlois et Yves Lamontagne
Le corps heureux, Thérèse Cadrin Petit et Lucie Dumoulin
Cures miracles, Jean Carper
De belles jambes à tout âge, Dr Guylaine Lanctôt
* **Dites-moi, docteur...,** Dr Raymond Thibodeau
Dormez comme un enfant, John Selby
Dos fort bon dos, David Imrie et Lu Barbuto
Dr Dalet, j'ai mal, que faire?, Dr Roger Dalet
* **Être belle pour la vie,** Bronwen Meredith
Être jeune et le rester, Dr Alan Bonsteel et Chantal Charbonneau
La faim de vivre, Geneen Roth
Guide critique des médicaments de l'âme, D. Cohen et S. Cailloux-Cohen

* **Guide de la santé (le),** Clinique Mayo
H₂O — Les bienfaits de l'eau, Anna Selby
L'hystérectomie, Suzanne Alix
L'impuissance, Dr Pierre Alarie et Dr Richard Villeneuve
Initiation au shiatsu, Yuki Rioux
* **Maigrir : la fin de l'obsession,** Susie Orbach
Maladies imaginaires, maladies réelles ?, Carla Cantor et Dr Brian A. Fallon
* **Le manuel Johnson & Johnson des premiers soins,** Dr Stephen Rosenberg
* **Les maux de tête chroniques,** Antonia Van Der Meer
Maux de tête et migraines, Dr Jacques P. Meloche et J. Dorion
Millepertuis, la plante du bonheur, Dr Steven Bratman
La médecine des dauphins, Amanda Cochrane et Karena Callen
Mince alors… finis les régimes !, Debra Waterhouse
Perdez du poids… pas le sourire, Dr Senninger
Perdre son ventre en 30 jours, Nancy Burstein
La pharmacie verte, Anny Schneider
Plantes sauvages médicinales, Anny Schneider et Ulysse Charette
Pourquoi les femmes vivent-elles plus longtemps que les hommes ?, Royda Crose
* **Principe de la technique respiratoire,** Julie Lefrançois
* **Programme XBX de l'aviation royale du Canada,** Collectif
Qi Gong, L.V. Carnie
Renforcez votre immunité, Bruno Comby
Le rhume des foins, Roger Newman Turner
Ronfleurs, réveillez-vous !, Jocelyne Delage et Jacques Piché
La santé après 50 ans, Muriel R. Gillick
Santé et bien-être par l'aquaforme, Nancy Leclerc
Savoir relaxer — Pour combattre le stress, Dr Edmund Jacobson
Se guérir autrement c'est possible, Marie Lise Labonté
* **Soignez vos pieds,** Dr Glenn Copeland et Stan Solomon
Le supermassage minute, Gordon Inkeles
Vaincre les ennemis du sommeil, Charles M. Morin
* **Vaincre l'hypoglycémie,** O. Bouchard et M. Thériault
Vivre avec l'alcool, Louise Nadeau
Le yoga, Sandra Anderson

Achevé d'imprimer au Canada
en décembre 2003
sur les presses des Imprimeries Transcontinental Inc.
division Imprimerie Gagné